じぶん時間を生きる
TRANSITION

Kunitake Saso
佐宗邦威

あさま社

JN120685

じぶん時間を生きる

TRANSITION

佐宗邦威

はじめに

「時間は効率的に使うべきだ」

僕はずっと、そう信じて生きてきた。

「タイムイズマネー」という、ベンジャミン・フランクリンの言葉に象徴されるように、時間は貴重なリソースだ。

僕は戦略デザインコンサルティングという仕事をしている。自分の時間は、時間あたりのフィーになってお金に換算され、クライアントにチャージされる。限られた時間で最大限のアウトプットを出すために仕事の「生産性」を上げる必要がある。仕事のスキルをつけるのはもちろんのこと、タイムマネジメントをうまくできるようになることが必要だ。

Slack、SNS、Google Calender……デジタルツールを使って、時間効率をどんどん高めていけば、スキマ時間でもタスクは次々に処理されていく。

しかしいつの間にか、そのモデルに限界があるのではないかと思い始めた。

僕らは誰にでも平等に24時間が与えられている。

だからこそ、その「平等に与えられた24時間」を有効に活用し生産性を上げるため、常にスマホをチェックするようになった。そして終わりのないチャットメッセージの返信に追い立てられるようになった。生産性を上げることを良しとする言説の裏には「生産性が上がれば余白の時間が増えて、豊かな人生が送れるはずだ」という前提がある。生産性を上げることで生まれた時間は、より有効な何かに配分されるはず、ではないのか。

しかし、実際に僕の人生に起こっていったことは、時間を効率的に使おうとすればするほど、結果的に仕事が増えていったことだった。生産性を上げて、時間を貯めようとしているのに、それに注力するほど「時間がなくなっていく」という矛盾。

僕が生きているメカニズムのどこかに時間泥棒がいるんじゃないか。

果たして、時間泥棒はどこにいるのか。

あなたにも思い当たる節はないだろうか？

本書は、コロナ禍を境に僕の中に起きた「生き方についての価値観の変化」を赤裸々に書き記した思考の履歴である。コロナ禍は、強制的に僕たちの生活に変化をもたらした。もしかしたら、あなたの生き方にも当てはまる部分があるかもしれない。

ここ数年で、働き方や仕事観はもちろん、「この先、自分はどのように生きていきたいか」の人生観を大きく揺さぶられた人は多かったのではないだろうか。本書では、この変化について考えてみたいのだ。

英語では、2種類の「変化」があると言われている。

外的要因による変化を「チェンジ」という。会社から転勤を言い渡された。結婚したり、子どもが生まれた。離婚した。大事な人と死別した。これらは、「チェンジ」だ。

それに対して、もうひとつの変化がある。それが、内的要因による変化「トランジション」である。お金を稼ぐことを第一に考えていたけれど、周囲の人を助けることが大事な価値観になった、とか、それまでは社会に対して挑んでいく戦士だったけど、社会課題の当事者に伴走する支援者として働くようになった、というような価値観やアイデンティティの変化がトランジションだ。

コロナ禍という環境変化、それによって引き起こされたリモートワークという遠心力、さらに移住や二拠点生活などの「場所」の変化。それらは外的変化「チェンジ」であり、表層的なトリガーにすぎない。社会の変化にまつわる言説は世の中にあふれているが、コロナ禍によってもたらされた真のパラダイムシフトは、別のところにあるのではないか。本書で僕が考えたいのは、コロナ禍によって、ライフスタイルが変化していった中で、僕たちにどんな内的変化＝「トランジション」が起こっていったのか、ということだ。

僕の中で起こったトランジション、それは「時間のとらえ方＝時間感覚のシフト」だった。

「他人」がベンチマークの24時間

では、「時間感覚のシフト」とは何のことか？

詳しくは本書でみなさんと一緒に考えていくつもりだが、先に結論めいたことをお伝えするならば、キーワードは「他人時間」から「じぶん時間」へのシフトだ。

僕は、コロナ禍前までは、常に他人を意識していたと思う。僕たちの仕事は、同僚やお客さんなど他の人と一緒に仕事をして成り立つ。他の人からの依頼があったり、メールやSlackでメッセージをもらい、それに反応する形で日々を過ごしていく。合間には、SNSのタイムラインを流し読みながら、誰かの「キラキラ投稿」を眺めつつ自分も頑張らなきゃと思う。他人がベンチマークになることで、自分のペースが上がっていく。

これらは、あくまで他人が起点の「他人時間」の生き方だ。

コロナ禍になり、リモートワークが当たり前になって、僕の中でその感覚に変化が訪れた。

もちろん、テレワークや出勤しての日々の仕事は続いているし、新しい仕事の相談や講演の依頼がメッセージとして届くのはこれまでと変わらない。だが、その主体が「自分」へと移り変わっていると感じる。テレワークが増えたことで、みんなが分散して「それぞれのペース」で働くという選択肢が生まれた。それとともに、周りの人の様子が見えにくくなった。その結果、誰かと競争するのではなく、自分のペースで（自分起点で）過ごす時間が明らかに増えている。

1日24時間という時間の総量は変わらなくても、環境が変わることで、僕らが時間をどのように体感するか、という時間感覚は変わるのだ。

あなたにはそのような感覚はないだろうか？

では、なぜ僕がそのような「じぶん時間」という時間感覚を体感するようになったのか。まずは、コロナ禍前、東京という「都市」で働いていた僕の生き方を振り返ってみよう。

「このままでは病気になってしまう」

コロナ禍が始まった当時、僕の働き方は、限界を迎えていたといっていい。

自ら立ち上げた会社、戦略デザインファームBIOTOPEとともに創業後の4年間を全速力で走っていた。『21世紀のビジネスにデザイン思考が必要な理由』という本を出したことで、様々な企業からビジョン作りやイノベーション支援についての依頼が届いた。

「このチャンスを逃してはならない」

クライアントの期待に応えようと、時間効率を極限まで高めた。移動しながら1日4、5件のミーティングをこなし、週に3回もの半日・1日ワークショップをファシリテーションしていた。同時に、日々考えていることをSNSで発信し、増え続けるコミュニケーションに応え、新しい案件にも対応した。夜や週末の時間は、原稿の執筆だ。プライベートでは、会社を立ち上げると同時に第一子を授かった僕は、キャリアアップと子育ての両立を目指した。

その結果、極端な時間不足に悩むようになった。きっとこんな体験をしたことがあるのは僕だけではないのではないか。

「時間が足りない……」

そんな悩みを解決するため手にとった「時間術の本」には、こう書いてある。

「メールはすぐ返せ」
「インボックスは常にゼロにせよ」
「生産性の高い朝に作業をして、午後にミーティングを入れよ」
「タスクを効率的にこなすために、すべての予定をスケジュールに入れよ」

これらを実践しようとしたし、実際ある程度の成果はあった。

しかし考えてみれば、これらの時間術の本は、いかに短い時間で、より良いアウトプットを出すかということを教えている。では、そのノウハウを実践して、スピードを上げて返信すると、何が起こるか。返信を早くするとその返事が再び返ってきて、メールのやりとりが加速する。コミュニケーションがSlackなどのチャットに移行してから、その傾向は顕著になった。仕事を効率化させようとすればするほど、どんどん追い立てられる。余った時間ができたとしても、そこには「新しい案件」が次々と入ってきて、結果的に仕事量はさらに増える。

今思い返すと、2010年代はSNSが社会に実装され、人と人との出会いが爆発的に増えた時期だった。新たな出会いと、終わりのない新しい仕事。スピードアップし続ける人生。その中にあって、僕は次第に「この生活はそもそも持続可能なのか?」というえもいわれぬ不安に苛《さいな》まれるようになっていった。

面白いコトに触れたり、新しい企画を考えたり、SNSで興味のある動画を見たりすると脳内のドーパミンという物質が分泌される。これは「やる気ホルモン」と呼ばれている。情報社会になった現代は、ある意味、ドーパミンによって動かされている。日々興味のあることや、刺激的な情報に出会うと、ドーパミンが出るようになり、脳がぐるぐる動き、さらに刺激を求めてスマホやパソコン作業に向かってしまう。常にスマホに常時接続された生活の中で、ドーパミンによって動かされ、ハイな状態になっているのだ。それがずっと続くと頭は動いていても体に疲労はくる。それなのに、情報のインプットをやめてしまうと刺激に慣れた僕らの頭は、退屈と不安を感じ始める。どんなに効率化しても仕事が減らないどころか、むしろ仕事をやめられない「中毒状態」になってしまう。

「このままだといつか病気になってしまうんじゃないか」

家族によると、それが、当時の僕の口癖だった、らしい。

自分を「主語」にする幸福感

そんな終わりのない時間不足に悩んでいた僕に、転機が訪れた。ＫＤＤＩのau designチームと一緒に取り組んだ〝スマホのない贅沢を〟通称Good distanceプロジェクトだった。デザイン思考を活用して「スマホの新しい体験」を考える中で、出てきたひとつのインサイトとして「スマホは大好きだけど、距離を置きたくなる時もある」という若者の声をもとに始まった。

スマホはそれまでのガラケー時代からは比較できないほど大きな存在になった。ユーザーインタヴューで出会った「スマホが体の一部のように感じています」という大学生の言葉は身につまされた。スマホの電源が切れると、何とも落ち着かない気持ちになる人は少なくないだろう。果たしてスマホが体の一部となることは、私たちにとって本当に良いことなんだろうか。

「スマホ依存」とはスクリーンからの情報刺激に対して、常に自分が受け身である状態だ。SNSのタイムラインに流れてくる友人の近況にせよ、Slackでの仕事の通知にせよ、すべては「他人起点」の情報だが、僕らはそれに対して受け身であることに慣れ切ってしまっている。プロジェクトでは、スマホ依存だと自覚する人たち（ちなみにその中には僕自身も含まれることはいうまでもない）に、あえてガラケーを持ってもらい、鎌倉の建長寺で瞑想をしたり、使い捨てカメラで景色を写したりする体験をしてもらった。まさに、デジタルデトックスの体験だ。

するとどんな反応が返ってきたか。

「目の前のことに集中できるって、こんなに気持ちがいいんですね！」

そんな反応が返ってきた。人が全身の五感を総動員して、今この瞬間に集中する状態は、僕たちに「幸せ感」をもたらしてくれる、いわゆる「ウェルビーイング」な状態へと導くのだ。

プロジェクトでは、スマホとの適切な距離感をテーマに扱った。僕が気づいたのは、僕らは無意識に、無批判に大量の情報に反応して生活しているという事実だった。自分の時間をどういう気持ちで、どう感じたいか、という意思を持ったことはそれまでなかった。だが、今・ここに流れている「時間をどう感じたいか」という意思を持つことから、変化は始まるのではないか。大事なのは、時間を「効率的に」使うかではない。自分が過ごしている時間を、「自分を主語に」今を感じて豊かに過ごせるか。「他人に支配された時間で生きる世界」から、「自分の時間を生きる世界」への転換ではないか。

他人時間から「じぶん時間」へ

――「生産性の罠」から脱出する

当時、「生産性の罠」にはまっていた僕は必死にその脱出方法を探していた。そこで気づき始めていたのが、「じぶん時間を生きる」というテーマだった。

これも本書でじっくりと紹介していくが、コロナ禍を経て、多くの人がオフィスから離れ、直接人と会う頻度を減らした期間は、「じぶん時間」を取り戻すという内的変化（＝トランジション）が起こっていた時期なのではないかと思う。山本七平氏の名著『空気の研究』でもいわれるように、日本人は空気を読んで、自分の行動を考えることが得意だ。しかしリモートワークではどうしても周囲が見えにくくなり、空気の読みようもない環境になった。これは日本人が縛られていた他人に合わせて動くという無意識の規範に疑問を生む。それによって自分を起点に、自分が過ごしたい暮らし方を考える人が増え始めたのではないか。

この期間に、仕事を変えたり、住む場所を変えたりした人も多い。

これまで何の疑問も抱かず取り組んでいた仕事が手につかなくなったことも、自分が本当に住みたい場所を探し始めたことも、子どもの未来や家族のライフスタイルについて真剣に悩むのも、「他人と比較して生きる人生」から、「自分の尺度で生きる人生」へのトランジションが起きている証拠だ。

このように社会全体が他人軸から自分軸に移行した時代を迎え、当たり前だった資本主義ゲームの尺度から、積極的に脱却しようとしている人たちがいる。

その中でも純度の高いトランジションが起こった人たちが、東京での暮らしを見直し、地方に移住し、新たな生活を始めるという動きをしたのではないかと思う。

都市生活の中で、圧倒的時間不足に陥っていた僕も、長い内省と、ちょっとしたきっかけが重なって家族の拠点を移す決断をした。向かった先は、長野県の軽井沢町。東京からおよそ1時間、標高1000メートルの高原の町だ。

ここで、僕の生き方や価値観は明確に変わった。

ひとりの個人の変化の物語だ。

しかし、僕個人に起こったトランジションの背景には社会の大きなトランジションとの何かしらのつながりがあるのではないかと感じた。そこで、同じく地方に移住した方にインタビューをして「トランジションラジオ」というポッドキャストを始め、いろいろな人のトランジションの話を聞きながら、起こりつつある変化について輪郭を明確にしていった。その結果、僕に起きている変化の多くを、同じく拠点を移した人が共有していることを実感できた。

この本は、移住をきっかけに自身に起きた内的変化を、同じく移住をした人たちのインタビューを参考にしながら「じぶん時間」の視点で具体的に言葉にしたものだ。

本書は決して「移住礼讃本」ではない。移住というのはひとつの選択肢に過ぎない。でも、これだけの人が居を移すというのは、僕たちの社会に生き方の価値観のシフトが起きつつある兆しなのではないかと思う。

コロナ禍は終わろうとしている。それはどのような変化だったのか。そして、あなたはコロナ禍を経て、何を考え、どのようなライフスタイルで生きたいだろうか。この本は、コロナ禍が終わりを迎え、ワークスタイルやライフスタイルがただ元の通りに戻っていくことに少しでもモヤモヤしている人、これまで同様に「成長を無批判に受け入れること」や「生産性の向上を続けること」に違和感を抱えている人に読んでほしい。きっとあなたが感じているモヤモヤは、未来の新しい生き方への扉なのではないかと思う。

本書が、新しい自分へと変わろうと「内なる旅」に出るすべての人にとって、少しでもヒントになればうれしい。

目次

第2章

トランジション 新しい自分に出会う

3 再生期：ビジョンメイキング

第3章 新世界

24時間のポートフォリオを書き換える

〈ポスト・トランジション：①仕事〉

〈ポスト・トランジション：②住まい〉

〈ポスト・トランジション：⑤ **教育**〉

第4章 「じぶん時間」を取り戻す

第1章 グレートリセット

生まれた4つの「内省」

コロナ禍は、スピードを上げて回っていた僕たちに対して、一度立ち止まり、内省を促す機会になった。

それまで「当たり前」と思われてきた価値観は転換を迫られ、仕事やライフスタイルには、否応なしに変化が訪れた。1日のミーティングのすべてを自宅からこなす日が来ることになるとは、それ以前に誰が想像できただろう。

この期間、多くの人はそれまでの生活を変えざるを得なくなった。「不要不急」という言葉とともに強制的に仕事から切り離された。その時間はこれからの〝在り方〟を考え直す内省のきっかけになった。

現在、我々はウイルスと一緒に生きることに慣れ、日常を取り戻しつつある。マスクが外れ、規制が戻れば、何事もなかったかのように、元の世界に戻るのか。

いや、そんなはずはないんじゃないか。

コロナ禍は、僕らの内面に決定的な影響を与えたはずだ。3年という期間を経ているので、その変化に気づけていないだけだ。この内省の期間を経て、各人に様々なトランジションが起こったはずだ。

その当時、僕らは一体何を考えていたのだろう。忙しい日常で過去に葬り去られてしまいそうな、当時の思考を思い返すため、時計の針を2020年5月25日（緊急事態宣言が解除された日）に巻き戻してみる。あなたは、あの時、何を思っていましたか？

『内省のない人生は生きる価値がない』
ソクラテス

〈内省1：一時停止した世界で〉

Q：コロナ禍の中で、あなたの生活に起きた「リセット」があるとしたらそれはなんだろう？

豊かさを稼ぐ毎日。

2020年5月25日、新型コロナウイルスによる緊急事態宣言が解除された。

最初に浮かんできたのは、いろいろな人の顔だった。医療現場で働いていた高校時代の友だち、散歩も兼ねて行ったスーパーのおじさんや、Uber Eats のお兄さん、普段いかにお世話になっているかを実感した保育園の先生方、きっと睡眠時間を削って前例のない政策を法律の限界の中で考えてくれたであろう霞が関で働く友人など。言葉を尽くしても足りないほどの感謝の気持ちが湧いてきた。

次に、気をつければコロナ以前のように外出ができるようになったことはうれしかった。自由に動けるというのはなんて素晴らしいことなんだろう。ステイホーム生活は、ある種の監禁生活だ。擬似監禁でも、ある程度楽しめることはわかったけれど、だからこそ自由に出歩けるということがいかに素晴らしいことか。

Zoom 会議になった仕事を除けば、日常が戻ってくるのは意外と早いかもしれない。しかし、何事もなかったかのように元の生活に戻ってしまうことは、果たして本当に良いことなのだろうか。そんな疑問が頭から離れない。

外出を自粛していた3ヶ月半の中で、忘れたくない変化もたくさんあった。

妻や子どもと、毎日一緒に過ごす時間。妻の体調不良によって生まれた1週間の完全ワンオペ生活。そこで鍛えられ、楽しくなった旦那料理。地元のちょっとした道の散歩や、ノリで企画した娘の「はじめてのおつかい」ドキュメンタリー動画。

ジムに行けなくなったことで、ランニングコースになった夜中の多摩川の静けさ。とてもとても地味な暮らしだった。毎日の過ごし方に選択肢は少なかったけれど、ちょっとした工夫をすると、暮らしは味わい深いものになった。コロナ前は、外に出ずっぱりで、ドーパミン過剰な暮らしをしていた僕からすると、珍しくゆっくりとした暮らしでもあった。

ステイホーム生活は大変なことも多かったけど、スピードを緩めてゆっくり歩くことで、自分の生活を見つめ直し、置き忘れていた「彩り」の存在に気づくことができた「スローワールド」だった。これは僕個人の体感ではあるが、社会にとっても同じで、人口の3分の1が自宅にいるという人類の壮大な「内省の期間」だったのではないかと思う。

ビジネスの面でいうと、以前から様々なクライアントと構想していた循環型社会、コミュニティ経済などのビジョンは、2025年以降の実装だったはずが、一気に時間軸が数年分早まった実感がある。

岡山県西粟倉村《にしあわくらそん》[*1]で、次世代型アーキテクト集団VUILDのCOOを務める井上達哉《いのうえたつや》さんは、緊急事態宣言の解除に際してこんな言葉を残してくれた。

「ああ、戻っちゃうのかぁ、と一抹の寂しさを感じました。緊急事態宣言下の生活は、都会に住んでいる人も、田舎暮らしで感じる『豊かさ』を実感している時間のように思えました。まさに『豊かさ』を稼ぐような」

「豊かさ」を稼ぐ毎日。

これは、派手さのないステイホームの日常で感じていた充足感に近い。本当の「豊かさ」とは一体何なのか。この言葉は、僕にとってコロナが終わったとしても忘れてはいけない、大事な錨となった。

グレートリセット

ダボス会議（世界経済フォーラム）のシュワブ会長は、2021年のテーマを「グレートリセット」と掲げたという。資本主義の仕組み自体を見直そうという流れもあるが、そんな大きな話をする前に、自分たちの生活自体にも様々なリセットは起こっている。

まず、働き方のリセットがあった。

今まで日本の多くの企業の「働き方改革」は、スローガンばかりが先行するだけのものだった。しかし、緊急事態宣言下で、「働き方改革」は一気に加速し、ピーク時には4割近い会社が在宅勤務を実行した。働き方（仕事をする時間・場所）がある程度自由になった。大企業では、いまも出勤の上限を設定し、在宅勤務を推奨している企業が少なくない。

教育のリセットも起こった。

学校や幼稚園、保育園が閉鎖された結果、教育現場や保護者を巻き込んで、前例のない形で「学びとは何か」を考えさせられた。あらゆる学校でオンライン授業が始まり、家庭が学校になった。世界の一流大学の多くがオンライン授業を始め、英語さえわかれば世界の最先端コンテンツに無料でアクセスできるようになった。

人付き合いに関するリセットも無意識に行われた。

会社や学校などで毎日顔を合わせていた人と会う頻度が減った一方、オンラインによって遠方の人とも「会える」ようになった。唯一リアルで会うとしたらご近所さんだ。近所の友だち家族と、散歩しながらじっくりと時間を過ごすことが楽しみになった。

娯楽のリセットもあった。

SNSを見ると多くのビジネスマン（男性）が料理をしていた。近くのスーパーに出かけ、買ったことのない食材で新たなレシピを試してみるのは、唯一の楽しい時間だったともいえる。外出ができない中で子どもを楽しませるために初めて料理にチャレンジした、という人も多かったのではないだろうか。これまでならありえなかった有名料理家のレシピが出回ったり、Zoomによる料理教室も行われた。

人類学者のレヴィ＝ストロース曰く、「料理こそが人間を人間たらしめている」。忙しい生活を送っていると後回しになりがちだった料理の、人と人が火を囲み、社交することで絆を深めていく、文化としての価値が再確認されたように思う。

〈つくる楽しみ〉は、料理だけではない。工作が趣味になったという話も聞く。前述の西粟倉村、井上達哉さんは自宅のＤＩＹと野菜づくりを始めた。もともと林業に強い関心をもって移住してきた彼は、「直接売る材木屋」として起業した。それまで材木をつくるだけで丸太がどこに行ったかわからない状況だった村で、最終的な商品をつくり、お客さんに届けることで、林業を経済的に回すことに挑んだのだ。そんな「つくる」が日常にある彼は、「田舎においてはつくる・育てるなどの生み出す活動こそが、最大の楽しみ。これからはお金をかける時代から、手間や時間をかける時代へ向かう」と予想する。

住まいのリセットもあった。

数多くあるリセットの中で、もっとも大きなものが、「場所」に対する価値観のリセットではないだろうか。「次に住むとしたらどこだろう？」という会話は、幾度となく我が家で繰り広げられた。Zoom会議が当たり前になったBIOTOPE（僕が立ち上げた戦略デザインファームだ）の20代のメンバーたちは、田舎暮らしと家庭菜園、農業への憧れを口にするようになった。そもそも通勤しないのであれば、都会に近い場所に高い家賃を払って住む必要はなくなる。もっと自然環境の良い、広い場所に住みたいというのは自然な流れだ。

仕事と子育てのすべてが、限られた自宅のスペースに集中し、モードの切り替えが難しいと感じた人も多いはずだ。僕は、これまで「家」に強い要望を持っていなかったけれど、郊外にもう少し広い書斎兼アトリエがほしいと思い始めた。

同調圧力から自由になる

こうして並べてみると、僕たちの生活のあらゆる場面で「リセット」が起こったことがわかる。その中には、日常が戻ったとしても元には戻らない変化もあるように思う。コロナ禍が過去のものになっても、元には戻りようもない変化、その根底にあるものは何だろう?

それは、ステイホーム生活の中で、僕らの心にこびりついていた意識から自由になった、つまり「人の目から自由になる」体験をしたということではないか。

僕らは、働くことで、社会の役に立っているという「存在価値」を感じている。特に日本社会は、「世間の目」が正邪を決める神の役割を果たしているので、世間様の目を無視するのはとても難しい。そんな社会にSNSがビルトインされたことで、プライベートすらも、他人の目を気にして生きるようになった。「他人モード」で生きていた当然の帰結として、自分の声を聞く余白をなくしてきたのだ。


しかし、グレートリセットが起こった結果、訪れたのは長い内省の時間、つまり自分と向き合う時間だった。日本の社会で(おそらく)初めて、等身大の自分で、やりたいことに正直に生きること、〈自分モード〉で過ごすことが、当たり前になった瞬間だったのではないか。

BIOTOPEのメンバーの一人も、「今までいかに人の目を気にして、服を買っていたのかに気づきました」と話してくれた。グレートリセットのおかげで、周囲や世間の価値観という他人モードから解放され、自分の感性や価値観を大事にできる時間をもつことができたのだ。

これは、誰かの役に立って生きる「外から内（Outside-in）」へのベクトルが、自分を表現して生きる「内から外（Inside-out）」へのベクトルに逆転した、コペルニクス的な転換だといえる。


生き方が180度転換してしまった生活においては、「豊かさ」の意味も変わる。

それまで語られていた豊かさは、「すごい」ということだった。

役に立って生きるという（Outside-in型）世界では、豊かさは貨幣に換算できて、他者と比較できる富の多寡という理性的なモノサシで測ることができた。

それに対して、コロナ禍で訪れた新たな豊かさとは、「いい」。

つまり、自分を真ん中に置く（Inside-out型）世界で、感性や価値観などの深い内面に根ざす、比較のできない精神的なことへとモノサシが変わっていく。これは、デンマークでいわれるヒュッゲ（HYGGE）や、ウェルビーイング（Wellbeing）などの言葉で語られる幸せで、自分のモノサシで豊かさが測られるという概念だ。当然一人ひとり違うし、比較もできない。

この変化は不可逆的だ。

一度解き放たれた内面の価値は、マスクが外れ、社会が元どおりになっても、なかったことにはできないだろう。ポストコロナの時代、僕らの生きる世界は、次第に、着実に、確実に、Inside-out型にシフトしていくのではないか。

〈内省2：住まい〉

自由に住まいを選べるとするなら、どこに住みたいだろうか？

都市か？ 地方か？

「都市に住むか？ 地方に住むか？」

リモートワークの普及により、働く人の地方への移住、そしてオフィス移転などの話題をよく耳にするようになった。コロナ禍をきっかけに住む場所の議論が巻き起こっているそうだ。

とはいえ、現実問題、都市から極端に離れた地方に住むのは不便だから、軽井沢や逗子、鎌倉などの都市近郊のリゾート地への移住や二拠点居住が進むだろう、というのがいったんの落ち着きどころのように見える。逗子や鎌倉、軽井沢は移住希望者が殺到していて、不動産価格が高騰、賃貸物件がなかなか見つからないらしい。

世界人口で見ると、都市に住む人の割合は52・1％だが、日本に目を向けると、実に91・3％もの人が都市圏に住んでいるといわれている。世界でも稀に見る都市化の進んだ国、それが日本だ。都市は、便利だし、仕事がある。貨幣に換算できる「豊かさ」を稼ぐ意味では、もっとも効率が良い。だが一方で、都市の暮らしは、ストレスが溜まる。孤独な上に、自然を感じられない。

一方で、クリエイティブな仕事のための都市ランキングでは東京が突出して1位というリサーチ結果もある。世界で見ても東京は意外にもクリエイティブ職の数が多く、公園や美術館などが充実している。

この現実をどうとらえればいいだろうか。

歴史的に見ると、人は常に仕事場の近くに住んできた。多くの人が農業に従事していた時代には、地方に分散して住んでいた。田畑の隣に住むのが便利だったからだ。ところが産業社会になると、工場城下町に住むようになった。さらに産業化が進むと、あらゆる商品が都市に集まるようになり、商品をやりとりする市場が生まれ、市場の近くにオフィスが集積するようになった。テレワークが一気に進んだことにより、PCさえあれば、仕事はどこでもできるということが社会に認められた。

だが一方で、働く場所が自由になったナレッジワーカーは、常時オンラインに接続し、過度な情報処理を行うことになるので、常に疲労を感じる。結果として、自然の近くという精神的にリラックスできる環境に身を置くほうが、良いアウトプットを出せるようになる。場所を選ばずに仕事のできるナレッジワーカーが、内面の幸せを追求し、自然環境の整った場所に住まいを置くのは理にかなっているのだ。

実は、アーティストを始めとした感度の高いクリエイティブ層の間では、コロナ禍前から面白い人が集まる地方の街にアーティストインレジデンスが生まれ、表現の場を移す動きがすでに起こっていた。その理由は、都市には自分らしさを表現できる「余白」が限られており、キャンバスのない都市に住むことは表現者にとってのデメリットにすらなると気づいたからだ。

ナレッジワーカーが「自然」と「余白」を求めて、住む場所を変える動きはゆっくりと、しかし長期的な潮流になると思う。今後、多くの人が、クリエイティブ層と同様に、内面の表現を大事にしていきたいと求めるならば、当然住む場所にも影響は出てくるはずだから。

情報にハックされる意識と身体

僕のまわりでも、コロナ禍を経て、移住や二拠点生活で、都市から地方に拠点を移す人が確実に増えている。

特にクリエイティブワーカーには顕著な傾向だ。

先ほど、都市には「表現の余白が限られている」と挙げたが、大きな理由がもうひとつある。それは、都市圏に住んでいる限り、「情報過多」の状態から逃れられないことだ。

僕自身、実感してきたことでもあるが、都市生活には情報が多すぎる。そのことから生じるストレスがある。一歩街に出れば、プロダクトや広告の情報があふれているし、スマホからは情報が飛び込んでくる。「情報の海」にどっぷりと浸かったまま、暮らしているわけだ。とりわけクリエイティブワーカーのような「情報」をベースに仕事をしている人は、情報の海から逃れることすらできない。常にドーパミンの影響下にある。

〝快楽物質〟とも称される「ドーパミン」。

それは、好奇心から生まれる神経伝達物質である。

「何か面白いことがありそうだ」

そんな予期があるときにドーパミンは放出される。情報も、ドーパミンの放出を促す興奮性の刺激のひとつ。たとえば、スマホでSNSやネットニュースを延々と見てしまうのも、次々と入ってくる情報がドーパミンの分泌をもたらしているからだ。

それゆえ、日常的に情報に触れている人は、ずっとドーパミンが放出されている状態ともいえる。

「もっと面白いことがあるはずだ!」
「次はもっと面白いことをしなくちゃ」

その気持ちに突き動かされ、情報を追い求めることがライフスタイルになっている。知らないうちにいつの間にか、あたかも回し車の中でクルクル回っているネズミのゲーム、ラットレースに参加させられているような状態だ。

ドーパミンが放出され続けているということは、心のバランスを整えてくれる脳内物質のひとつ「セロトニン」、多幸感をもたらすとされる神経伝達物質「エンドルフィン」といった、いわゆる「幸せホルモン」が分泌されにくくなる状態にもなる。愛や幸せをつかさどるホルモンが放出される機会が減れば、「今のままでいいのだ」といった自己肯定感も生まれにくい。

しかも、ドーパミンの影響で止まることなく動き続けていれば、当然、心身は疲弊してくる。厄介なのは、多くの人がそれを自覚できていないことだ。こうして無自覚のうちに、体や心の健康が蝕まれていく。

情報過多の社会で生活する息苦しさを、人々に自覚させるきっかけになったのが、コロナ禍だったといえるだろう。僕自身もそうだが、都市圏に住んでいることに疑問を抱き、家族が生活する場所について真剣に考え直す契機となった。

コロナ感染のリスクを下げる効果的な方法は「密を避ける」こと。だが、現実には都市圏に住むことは密な場所に住むということだ。都市計画の研究では都市とは、密の状態をつくること、つまり人を特定のエリアに集中させることで生産性を上げてきた人類の発明だと言われる。生産的な場所には、職が生まれ、必然的に富が集積し、さらに人が集まる。その結果、各地に巨大な都市が生まれた。

ところが、パンデミック下においては、反対に「密を避ける」ことが合理的になった。慶應義塾大学教授の安宅和人《あたかかずと》さんはこう予測する。コロナ前の世界が都市化、すなわち「密閉×密」というトレンドだとすれば、ウィズコロナの世界は、地方を含む「開放（open）」×「疎（sparse）」の方向に舵を切るだろうと。彼はこれを「開疎化」と名づけているが、実際、都市に密集せずに、地方などに分散して住んだほうがパンデミックの状況では理にかなっているのだ。仮にコロナ禍が終わっても、気候変動により北極圏の永久凍土が溶け、新しい病原体と人間が出会う可能性はこれから増えていくだろうといわれている。さらにいえば、予測されている首都圏地震や気候変動による自然災害の激甚化の流れを考慮すると、ひとつの場所に人が集中して生活することは大きなリスクともいえる。これらの状況が意識されたとき、「このまま都会に住み続けていていいのだろうか」「今の生活環境は果たしてベストなのか」と疑問をもち始めた人が増えてきているのだ。

そこで、多くの人が強く意識するようになったのが、自分自身の幸せや「ウェルビーイング」の向上である。都市から離れ、自然が身近にある環境でリモートワークをすることで、仕事と生活のバランスがとれ、心身の健康も確保できる。「都市を離れる」という決断は、おそらく多くのクリエイティブワーカーが潜在的に実現したかったけれど、現実的には諦めていたことではないだろうか。だが、テレワークによって「都市を離れる」ことは一転、理にかなう選択肢となった。

特に子育て世代は、一斉休校をきっかけに「都会で子どもを育てる」ことの意味も考え直すようになった。公園が締め切られ、「子どもが遊んでいる!」と通報された出来事をきっかけに「もう東京には住めない」と思った親御さんも多いのではないか。僕の実感として、幼児や小学生を育てる親の移住が多いのも、その結果だろう。移住や二拠点居住を選択する人たちは、意識的あるいは無意識的に、「情報過多」から自分や子どもの心身を守ろうとしているといえる。

〈内省3：経済と働き方〉

Q：あなたが「理想とする働き方」とはどんなものか？
自分で決められるならば、週に何時間、働きたいですか？

何をしているときに「豊かだ」と感じるか

次に働き方を考えてみよう。コロナ禍による外出自粛生活を経て、価値観のリセットがあったと書いた。豊かさのモノサシが、他人からの称賛（「すごい」）を大事にするOutside-inの視点から、自分の価値観（「いい！」）を大事にする内面に根ざしたInside-outへシフトした。さらにコロナ禍による生活のリセットが起きたことで、惰性の力を断ち切り、変化を推し進めた。この変化が一時的なものではなく、不可逆なものであるとすれば、経済のカタチはどのように変わりうるのだろうか。この問いを思考実験として考えてみたい。

現代では、「経済」というと、貨幣をスケールにしたものをイメージしがちだ。しかし、エコノミーの語源である「オイコノモス」とは、「オイコス（家）」と「ノモス（秩序・管理）」を意味する。もともとの意味に立ち返れば、経済とは物やサービスをうまく分配し、巡らせるためのもの。つまり経済の仕組みは、様々な人のニーズやウォンツを組み合わせて、取引を通じて、最適な配分をするものであるはず。ならば、人のニーズやウォンツが変われば、経済のカタチも変わっていくはずではないか。

コロナ禍をきっかけに、人々（特にビジネスパーソン）は今までやらなかった様々な行動をとった。それを分類すると以下のようになる。

①何かを生み出す：家庭菜園、編み物などの手芸、家でのDIY、料理

②自己を表現する：オンラインイベントの開催、YouTubeによる配信

③家族や近所とつながる：家族・子どもと過ごす、近所のスーパーでの買い物

④自然と親しむ：公園での散歩、オープンエアの庭で友人とのランチ

社会学の泰斗《たいと》、見田《みた》宗介《むねすけ》先生は、『現代社会はどこに向かうか——高原の見晴らしを切り開くこと』（岩波新書）において、社会が成熟化すると、人は特別ではない日常の楽しみを求めるようになると主張した。そこで大事になる営みは、人とつながること、自然と触れ合うこと、文化をつくることだと喝破している。

人とつながり、自然と触れ合うことでリラックスすればオキシトシンやセロトニン等が分泌される。創造することで、ドーパミンが分泌される。地に足のついたローキーの楽しみ方だといえよう。〈創造と表現〉は、ウェルビーイングな状態をもたらす営みだともいえる。なぜなら、自分を見つめることにつながり、生きる実

感をもたらすものでもあるからだ。「生への実感を得られるものごと」こそ、Inside-out の価値観にシフトした、今の僕らが求めるものだ。

実は、生活の中に〈創造と表現〉を取り入れようとする兆しは、YouTuber の活躍やアートへの関心の高まりなど、コロナ禍の以前からすでにあったように思う。だが、多くの人は〈創造と表現〉の活動にこれまでほとんど時間を使えなかった。なぜだろう。それは、他のことで忙しいからだ。

仕事、ショッピング、外食、エンターテインメント（遊園地やイベント）……。

コロナ禍以前の日常は、これらのことで忙しかったのだ。

以前の日常は、言い換えるならば、欲望を刺激し、アドレナリンやドーパミンを放出していくハイキーな活動。これらはすべて「経済を回す」消費行動だ。

僕らは、経済を回すため「だけ」に、限られた自分の時間を使って、お金を稼ぎ、消費している。果たして、ハイキーな活動に充てる時間を減らして、ローキーな活動に時間配分していくことなど可能なのだろうか。

ラットレース——資本主義経済ゲームの罠

だが、現実はそんな簡単なものではない。

1日は24時間しかない。

貨幣の交換によるハイキーな活動に時間を使えば、自分自身を充足させるローキーな活動に充てる時間は、ない。

時間の配分という意味では、トレードオフが発生する。かといって時間の多くを、自身を充足させる時間に配分することも難しい。僕らは、お金を使うことで経済が回り、仕事が生まれる社会に住んでいるからだ。

ではここで、さらに元をたどって、「資本主義」による経済がどうやって回っているのか、その仕組みをとらえ直し、ハックできるポイントはないか考えてみたい。

〈資本主義とじぶん時間〉

そもそも、資本主義と都市化は切っても切り離せない。近代の資本主義は、工場で物を大規模につくり、都市に人を集積させ、市場で販売することで富を蓄積するという仕組みで回っているからだ。この仕組みの中では、仕事をするのも、仕事を頼むのも、成果物を購入するのも、都市とその周辺に住むほうが効率的だ。

資本主義経済の、最初のエンジンの役割を果たしているのが、不動産を担保に融資を行う「金融」の仕組みだ。多くの国では、融資を受けるときに不動産を担保にする。不動産の価格が上昇すれば、借りられる融資額は大きくなる。都市の不動産需要が増せば、価格は上昇するため、都市には貨幣が集まって様々な産業が生まれる。

都市においての土地の価格の上昇は、その国の経済力の表れでもある。政府は、都市の価格上昇を後押しする政策をとり、ディベロッパーはタワーマンションの素敵な生活を演出し、人々の欲望を掻き立てる。

このサイクルを早回しするために、「株式会社」という仕組みによって事業の拡大スピードを上げるアクセルを踏み、国際金融によってレバレッジをかける。それによって、元々回っていた経済を、何倍・何十倍にも回転させ、生きているのが僕らだ。

この仕組みは、物質的な豊かさが行き渡る過程においては非常にうまくいっていた。しかし性質上、それはスピードを上げ続ける。すると、その中で生きる僕らは時間の余白をなくし、内なる幸せを味わえなくなった。同時に起こったのが、気候変動だ。地球全体としてタコが自分の足を食べるがごとく、自分たちの住む環境を変えてしまった。これが、僕らが生きる現代の資本主義社会のリアリティだ。

スピードを上げる暮らしに疲れた人も多いだろう。しかし、僕らはこの仕組みから逃れられない。

なぜだろう？

若いうちはこの流れに飲み込まれないように生活することもできる。しかし、状況が一変するのが、子どもが生まれ、家を購入する瞬間だ。現代の日本で子どもを育てようとすると、賃貸では住居コスト高になる。分譲マンションや持ち家でないと生活に余裕がなくなるため、みんながこぞって住宅ローンを組んで、自宅を購入し、35年もの間、借金を返し続ける約束をする。

この瞬間だ！

僕らが、資本主義を成り立たせている無限のラットレースに飲み込まれるのは。ここから、住宅ローン返済のために、一生をかけてお金を稼ぎ続ける「人生ゲーム」がスタートする。僕らが生きる資本主義社会のエンジンは、不動産価格の上昇によって価値が裏付けられた金融システムだ。僕らは不動産や家の購入を通して、システムに参画しているのだ。

人生ゲームの脱出法

無限のラットレースに飲み込まれた僕らは、働き方にも縛られている。月曜日から金曜日まで、毎日9時に出社して18時に退社する。単純計算で、1週間40時間。多くの人が当たり前のように受け入れて、働いている。基本的には、僕自身もそうだ。

だが、考えたことはあるだろうか。本当にそれだけの時間を働く必要があるか。

エッセンシャルワーカーの人たちは、仕事の性質上、かなりの部分を時間に拘束されざるを得ない。だが、少なくともナレッジワーカーは、必ずしも「週に5日×8時間」働く必然性はないのかもしれない。

たとえば、文章を書く仕事をしている人は、原稿を書き終えて初めて「生産した」ことになる。原稿が書けるか否か、0か1かの世界。20時間かけても原稿が完成しなければ、「生産した」とはいえないし、3時間で完成しても「生産した」ことになる。このように、ナレッジワーカーの仕事とは、時間だけでは測れない面がある。

また、ナレッジワーカーのような頭をフル活用する仕事は、脳が疲れている状態では、すぐれたアイデアや問題解決が浮かびにくい。

一日8時間働くとして、インパクトのあるアウトプットを生む時間は、全体のどのくらいあるだろうか。もちろん、関係者とコミュニケーションをとる時間も無駄とはいえないが、アウトプットを生み出すのにかかる時間は、意外と短いはずだ。

そう考えると、極端な話「1日3時間」だけ仕事をすれば十分に生産的といえるかもしれない。

作家の村上春樹さんは、毎朝4時に起床し、小説を書き始め、4～5時間、ひたすらパソコンに向かうという。その後、ジョギングや水泳など必ず1時間程度の運動をして、昼すぎからは本を読んだり、音楽を聴いたり、レコードを買いに行ったり、料理をしたり、自由に時間を過ごす。

村上春樹さんの場合は、規則正しく自らの生活を律しているからこそ、長年にわたってコンスタントに作品を生み続けることができるのだろう。想像の域を出ないが、一日8～10時間を執筆し続けるようなライフスタイルでは、良い作品を作る執筆活動はできないのではないか。

「1日3時間」は極端な例かもしれない。だが、週休3日制にするくらいは現実的な選択肢だろう。スペインやスコットランドで週休3日制を試験導入する動きがある。日本でも週休3日制を検討し始めている企業が出てきている。

週休3日制のメリットは、子どものいる家族世帯であれば、大人だけの時間を過ごせる日がつくれるということだ。土日は子どもと一緒に過ごして、もう一日の平日（3日目の休日）は自分たちの時間に使う。仕事とプライベートのバランスが取れる、というわけだ。

そう考えると、社会は「週の半分は仕事、もう半分はそれ以外」という方向に向かっていく可能性さえある。もしそうなったとき、「休みに何をしたらいいか、わからない」「働いていないと不安になる」という人が出てくるだろう。週5日、一日8時間以上働くビジネスパーソンの多くは、「仕事＝アイデンティティ」という「一本足打法」で打席に立っている状態である。だから、本当の意味で生産性が向上し、労働時間が少なくなったとき、大きな不安に襲われる。社会とのつながりを失うとすら感じるかもしれない。

ラットレース的な人生の脱出法を考え抜いていくと、そのヒントは、自分を中心とした、人生のポートフォリオを組み替えていく作業にある。一人の人格ではなく、複数の人格を使い分けるような生き方をしていった方がラットレースからの脱出も見えてくるのではないか。それが現時点の仮説である。

〈内省4：未来はどうなる〉

Q：あなたは何をしているとき、「自分らしい」と感じますか？

人類史からみた感染症

では、我々にはどのような選択肢が取りうるだろうか。パンデミックの歴史を調べると、基本的に疫病が大流行する時期というのは、人間の思考や活動が「外」に向かいすぎたタイミングと重なる。スペイン風邪は、もとは第一次世界大戦による軍の拡大作戦が流行のきっかけをつくった。中世のペストも交易が活発になり、経済活動が外へと広がったことがきっかけだった。その流れから教会の権力が崩壊し、ルネサンスへとつながった。経済活動によって勢いがついた結果、パンデミックが起こり、その反動によって力が「内」に向かう揺り戻し現象が起きる。

経済活動が回っている状態では、人々の意識は外に集中している。国の政治や政策、会社の制度など、自分を取り巻く環境に不満はあるが、「まあ経済が回っているからいいか」と、問題を見ないようにして生活を続けることができる。

ところが、経済が止まると、海が干上がるように、見えなかったものが見えてくる。緊急事態宣言によって経済が一時停止したことで、それまで水面下で見えなかった社会の歪みを、多くの人が直視せざるを得ない状況になったのだ。しかも社会だけでなく、個人の健康や会社の組織からも、歪みによる〝膿〟が出てきたと感じている人が増えている。

歪みのひとつは間違いなく経済格差だ。

過剰な資本主義の追求がもたらした極端な不均衡は、実質的に誰もコントロールできない状況になっていた。日本でも、外出自粛の結果として経済が回らなくなり、生活に困る人の存在が今まで以上に鮮明に可視化された。

もうひとつが、気候変動の問題だ。

コロナによる経済活動の自粛が二酸化炭素排出量を13％も減らしたという事実は、いかに僕らが経済を回すために走り続け、歪みを生み出し続けてきたかを物語っている。連日、メディアが感染者数や死者数をセンセーショナルに伝える一方で、「ガンジス川が綺麗になった」「北京の空が青くなった」といったポジティブな環境変化も起きていた。

企業経営の考え方にも影響が及ぶのではないか。一般に、企業は自社の価値を高め続ける必要があるというのが常識だった。企業価値を向上させ、前年を超える株主配当を出し続けることが、世の中にとっては絶対善とされてきたし、株主資本主義の前提にも、このルールがある。

ところが、今回のような緊急事態を経て、こうした常識が揺らいでいる。

株主への配当を捻出するために、従業員の雇用を削減したり、環境対策の費用を抑えたりすることが、果たして正しいのだろうか——。そんな疑念が多くの人に生まれていたのだ。企業が長期的な意義を見直し、それに合わせて株主以外のステークホルダーに社会的責任を果たす選択肢があってもいいのではないか。そんな機運は高まっている。

資本主義からはみ出すために

本章では、人々は外出自粛期間にそれまでやらなかった行動をとった、という話を書いた。

①何かを生み出す　②自己を表現する　③家族や近所とつながる　④自然と親しむ

まさに自分主体の時間の過ごし方＝「じぶん時間」といえるだろう。

しかも、これらの楽しみは、田舎での楽しみ方そのものでもある。田舎の暮らしは、自分の活動を貨幣価値に換算しない。地域という限定されたエリアの中で経済を回そうとすると、人と人が付き合いを重ねる中で関係性が近くなっていく。すると、「お金なんて水臭い」「この間、お世話になったから大根をあげるよ」などのコミュニケーションが成り立つようになり、コミュニティの関係が深まるほど貨幣が介在しにくい関係になる。同時に、その過程で「人のつながり」という豊かさを得ることができる。先ほど紹介した岡山県西粟倉村に住む井上達哉さんは、まさに「田舎の生活は、何かをつくり、それを交換することで豊かさを稼ぐような感覚がある」という。

自然の近くで生活を送り、アトリエや自分を表現できる余白（キャンバス）をもつ。これらは精神的な豊かさを味わうような日々だ。僕らが外出自粛期間に経験した「ケ」の豊かさでもある。

コロナ禍を経て、人々が感じるようになった「豊かさ」は、人によって価値基準が違い、比較が難しい内面的なものだ。それは、紛れもなく貨幣経済では測れない。外食の代わりに料理をつくる、服を買う代わりにWebサイトをつくる、飲み会の代わりに家庭菜園に挑戦する……そのようなライフスタイルは、もはや他人と比較する必要がない、自分主体の時間の過ごし方だ。しかもお金はかからない。

極論かもしれないが、この方向性を突き詰めていくと、身近な経済圏は貨幣流通の量が減り、贈与経済が回っていく。貨幣は、世界中がつながったデジタル世界の共通価値を測るものにシフトしていく。こうなったときに、現在の尺度であるGDPは減少してもおかしくない。僕らが等身大で求めている「必要十分な幸せ」を満たそうとするために。

資本主義のラットレースから脱出するのはかなりハードだと書いた。だが、自分を表現できるキャンバスをもつこと、つまり「ケ」の豊かさを求めることにこそ、何らかのヒントがありそうだ。まさにこれは豊かさの尺度をもち、他人起点の時間ではなく、じぶん時間で生きることと、言い換えられるだろう。

「じぶん時間を生きる」。

ここに脱却のヒントがあるとして、果たしてそんな変化は可能なのだろうか。

第2章 トランジション

新しい自分に出会う

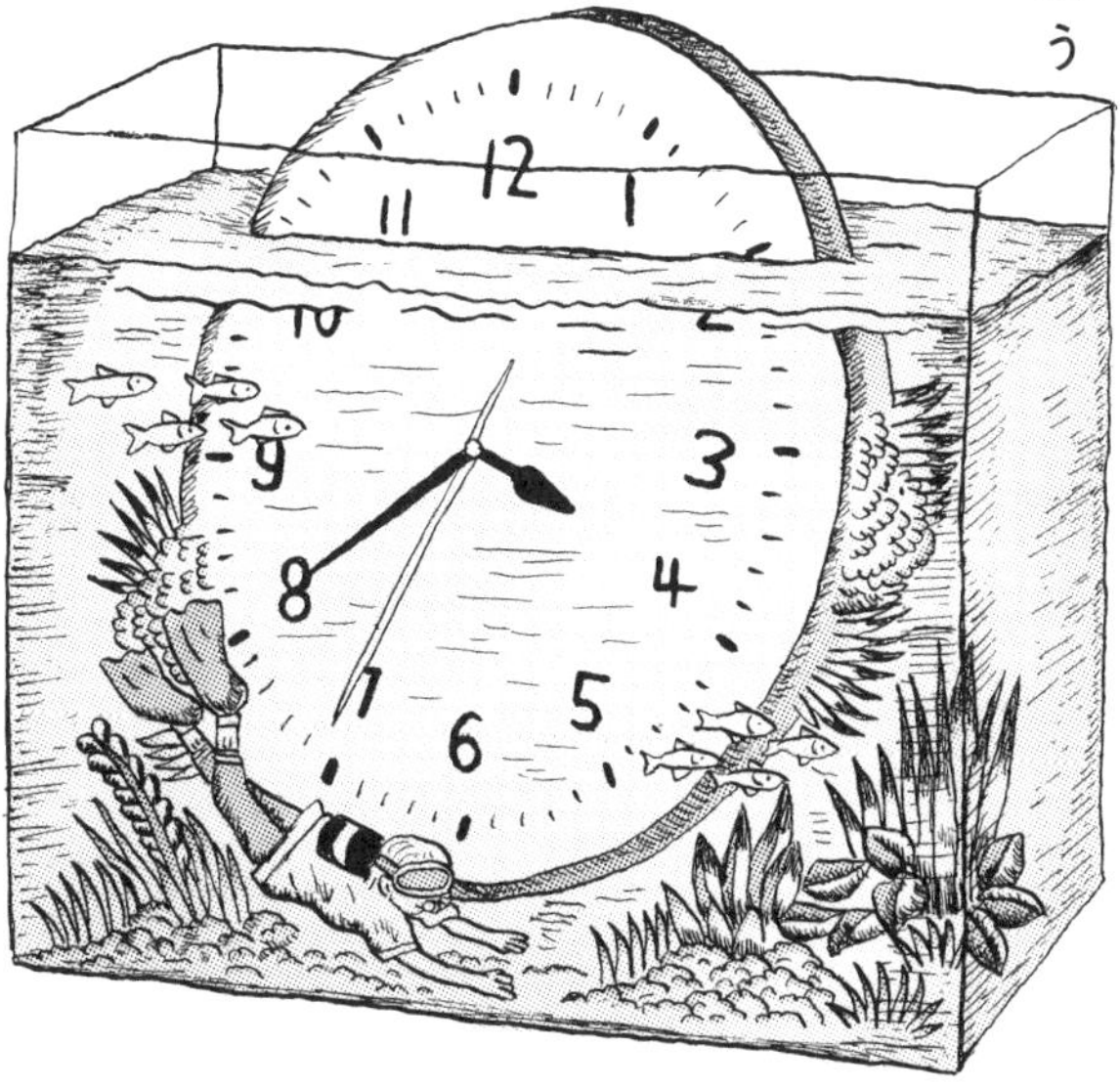

『変化から意味を見出す唯一の方法は、
変化に飛び込み、行動し、（そのダンスに）
参加することなのです』

アラン・ワッツ

「何かを変える必要がある」人へ

コロナ禍によって、強制的に訪れたグレートリセット（＝価値観のコペルニクス的転換）。多くの人が、仕事や住環境、人間関係に違和感を覚え、変革を希求するようになった。僕のまわりでも、ここ数年、キャリアチェンジや拠点を変えるシフト（移住や二拠点生活への移行）が急速に起きている。それは資本主義経済にどっぷりと組み込まれた価値観に違和感を覚え、そこから一歩はみ出したい、じぶん時間の中で生きたい、という想いの表れだと思う。

変化が起こる際に、外的要因による変化を「チェンジ」といい、そして内的要因による変化を「トランジション」と呼ぶと書いた。コロナ禍という外的要因によって、自分の内面が変化し始めてしまったのだ。

忙しすぎて、自分の時間さえない生活を続けるのは何のためなのだろう？

自分の身体を壊してまで働き続けるのは、なぜだろう？

東京で生活をしていたら、近い未来に手繰り寄せるべき持続可能な生活を実践することはできないのではないか？

子どもの教育を考えた時に、東京で育てることが果たしてベストなのだろうか？


僕自身もいくつもの疑問が頭から離れなくなり、今の環境で生活し続けることに違和感がぬぐえなくなっていた。正直、次の未来のビジョンが明確に見えているわけではない。だが、内面の違和感を見て見ぬ振りができない状況になった時、何かを変えなければいけない、そう思ったのだ。

僕と同じように、コロナ禍で生まれた一時停止をきっかけに、価値観の転換が起きた人は多いのではないだろうか。その只中にあり、いまだ次に向かう先、ビジョンが見つかっていない、という人も少なくないだろう。焦る気持ちはよく理解できる。僕自身も次のフェーズへのトランジション（「移行期」）の渦中にあるからだ。

人生の移行期は、自分のアイデンティティが脅かされ、不安がつきまとう。こんなことをやっていていいのか。理由のない不安に襲われたりもする。モデルケースを失った状況だから、その不安も当然だ。僕自身、そのような不安と内省の時間を過ごす中で、よりどころはないか、思考を整理できるフレームはないかと求め続けていた。そこで出合ったのが、次の理論だ。

「トランジション理論」

古い自分を捨てて、次なるビジョンを見つけ、新たな自分に生まれ変わっていく。その過程を思考フレームで解説した、米国の著名な人材系コンサルタント、ウィリアム・ブリッジズの提唱する理論だ。

本章では、新しい自分へと変わろうと内なる旅に出ている人に向けて（もちろん僕自身も含めてだが）、その時期を乗り越えるトランジション理論を紹介したい。

転機における3段階

人生における転機には3つの段階があるという。

第1段階は「終わらせる時期」だ。

これまでなんとなく惰性で続けている生活や習慣、仕事などをしっかり終わらせる。それによって新たなものを受け入れる「余白」が生まれる。第1章で例示した、移住をきっかけに、人間関係が強制的にリセットされた事例も、まさに典型的な「終わらせる」の段階だ。

第2段階は「ニュートラルな段階（ニュートラルゾーン）」。

過去のステージをいったんリセットすると、方向感覚が失われて不安に襲われる。それでも、日々の感覚に意識を向けて、感性を刺激するような活動を意識的に行っていく。そのような過ごし方が大切な時期だ。

最後の第3段階が「次のステージを始める段階（再生期）」。

あれこれと模索を続けるなかで進むべき方向が見えてくる。そこからはモードを切り替えて、その方向に向かって積極的に行動に移していく。このようなステップを踏みながら、人は人生の「転機」を乗り越えていく。

ブルース・フェイラー氏が書いた『Life is in the transitions ~Mastering Change at Any Age（未邦訳）』では、225人に人生のトランジションについてライフストーリーのインタビューを行った内容が書かれている。簡単に紹介しよう。

・人生の転機というと、思春期、中年の危機と呼ばれるように特定のタイミングに重なるという常識がある。「人生のもっとも厳しかった時期は？」という目線でいうと、45～49歳の時期と答える人は多いが、転機の起こった時期について実際にインタビューしてみると、年齢の偏りはない。つまり、あらゆる年代に転機は訪れうるのだ。

・トランジションの期間でいうと、4～5年と答えた人が最も多く、自分の想定よりも時間がかかった人が多い。

・自ら転機を起こした人は43％。転機に巻き込まれた人は57％。

・3つの段階のトランジションは、実際には3ステップがクリアに起こるわけではない。次の図のように行き来しながら進んでいく。

・トランジションのどの時期が辛かったか、についてのアンケートによると、辛い時期が多かったのは「ニュートラルゾーン」で47％、次は「終わらせる時期」で39％、「再生期」は14％だったという。

トランジションとは、自分の内的な変化と、外部環境がずれてしまっていることで起こるようだ。たとえば、起業家が当初の目標を達成してしまうとする。内面では次の目標に向かって変化を求めているのに、実際には、日々の業務に対処しないといけないので惰性

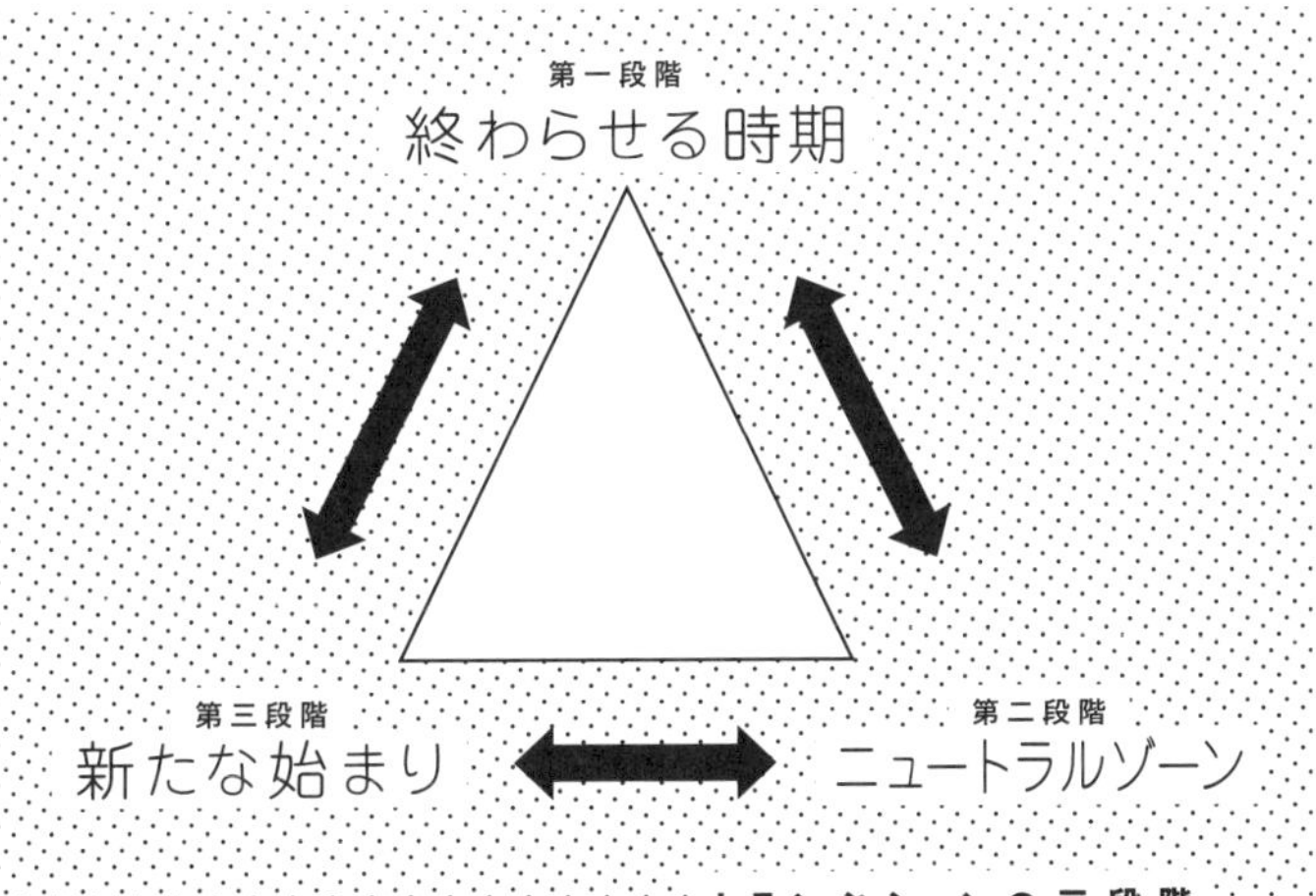

トランジションの三段階

でその事業を続ける。このような深層心理と実際の事業とにズレが生じてしまう状態はその典型的な例だろう。

トランジションの現れ方は人によって違うと思うが、その時期に「どう過ごしていけばいいのか」の物差しのようなものがあるだけでも考え方がまったく違ってくるだろう。「トランジション3つの段階」に沿って見ていこうと思う。

1 終わらせる時期

すべては「手放す」から始まる

トランジション理論によると、転機の始まりは「終わらせる時期」だ。終わらせる時期には、今まで当たり前だったものを手放していくことが大事になる。いったん終わらせることで、新たに別のものを受け入れる余白をつくる。

人は、自分で思う以上に、惰性で続けていることが多い。やめるという行為は、誰かに迷惑がかかる可能性もあるので、決断には葛藤を伴う。それでもなお、勇気を持ってやめることが「トランジション」を始める上で重要だ。

たとえば、キャリアでいうと、「職場に向かう際にワクワクしなくなった」、「仕事をしていると、毎日が灰色に感じられる」という状態に陥ったことはないだろうか。恋愛やパートナーシップでも「お互い会話もないのに、ただ別れを切り出すことが怖くて、同居を続けている」、「互いに傷つけ合ってしまうけれど、子どものためを思うと今は我慢するしかない」などの状況もトランジションの始まりを迎える予兆といえるかもしれない。

その場合、現在の惰性を断ち切り、思い切って「終わらせる」ことが、トランジションにつながりやすい。劇薬かもしれないが、本質的な変化が起こりやすいからだ。

かつて、ほぼ日（旧・東京糸井重里事務所）で取締役CFOを務められていた篠田真貴子さんは、次の職業を決めずに同社を辞め、その期間をあえて「ジョブレス」と呼んでいた。「無職」という言葉だけ聞くと響きは悪いが、仕事のない期間は彼女にとって、自分のやりたいことを見つけるための大事な探索の時期だったのだ。大学の教員にはサバティカルといって、10年に一度1年間の休暇を取る制度があるが、ナレッジワーカーにとってはサバティカルのようなゼロリセットの期間は、適切なトランジションを迎える上でとても重要なことだと思う。

僕自身、20代にP&Gでブランドマネージャーに昇進した後、燃え尽き症候群になり、仕事を辞めて1年ほど無職になった経験がある。メンタルの不調で仕事が続かなくなり、いわば強制終了に追い込まれてしまった。

その時期は、あらゆるものが灰色に見えていた。

仕事を辞めて何もしないのは、精神的にとてもきつい。誰かに会うときも、後ろめたい気持ちが先に立ち、「顔向けできない」という感覚に襲われた。自分が何者でもなくなってしまった恐怖と、先の見通せないキャリアにただ絶望していた。

しかし実は、そういう何もない時期にこそ「余白」が生まれ、新しいものが入ってくることが多い。

僕自身の場合、無職の期間は、とにかくワクワクする何かを探していた。演劇のような自分を表現する場や、ポートレートの絵を描くワークショップに参加したり、オーラソーマというカラーセラピーやアロマセラピーに通ったりもした。あえて専門以外のジャンルに手を広げていき、感性を刺激するような活動を意識的に拾いにいった。

その期間に出会ったものがきっかけとなり、デザインスクールに留学してデザイン思考を学ぶことになった。10年後の今、当時を振り返ると、それは現在の仕事につながっている。あらゆるものが灰色に見えていた当時、唯一、僕の人生に彩りを添えてくれたのが、絵画や演劇といったアートの存在だった。アートにしか、ワクワクを感じられなかった。

「もうこれしかない」

そんな心境になったからこそ、ビジネス一辺倒のキャリアから、デザインの世界へと舵を切り、突き進むことができた。当時の時期がなければ、今のように戦略デザインファームを起業し、デザインの世界で仕事をすることはなかっただろう。仕事のない期間（余白）とは、新しいものと出会うために必要な時間だったのだ。

では、なぜ大きな方向転換をするのは、仕事を続けながらでは難しいのだろうか。最前線で活躍しながら、その先に新しいビジョンが見えてくる、そんな展開だってあるのではないか。そう思う読者もいるかもしれない。

ビジネスパーソンが生きる日常をたとえていえば、それは、「眩しくて明るい世界」だ。会社組織にいる人たちがそれぞれの能力を駆使して誰かの役に立つ。お互いが価値のあるものを交換し合っている世界。こうした明るい世界では、まわりの放つ光が眩しすぎて、自分が放っている光にすら気づかない状態になってしまう。将来の自分にとって意味があるかもしれないけど、まだよくわからないことは、「眩しくて明るい世界」にいると、どうしても優先順位が下がってしまうのだ。

だからこそ、トランジションのタイミングだと感じたら、勇気を出して終わらせたり、手放して、やめてみたりすることが大切になる。それが仕事なのか、都会での生活なのかは人それぞれだが、何かを終わらせることで新しい余白は生まれ、人生が変わっていくだろう。

第1章で書いたように、コロナ禍によって経済活動が制限され、さまざまな価値観がリセットされたことは、これまでの仕事や生活を半強制的に「一時停止させる」結果となった。終わらせてはいないまでも、それは「仮想・終わらせる時期」とも呼べる現象で、そこで立ち止まった多くの人はトランジションの入口に（ある種、半強制的に）立っているといえるかもしれない。

やめる決断が怖い人はどうするか

では、「終わらせる」手前に入った人は、どこで戸惑い、決断を先延ばしにしているのだろうか。

多くのビジネスパーソンはコロナ禍で立ち止まった時に「本当は望んでいなかったこと」をルーティンで繰り返していたことに気づいた。とりあえず会社に入り、昇進のために上司の理不尽な指示に耐えながら、歯を食いしばってきた人は特にそうかもしれない。仕事へのモチベーションはほとんどないが、惰性だけで続けていた。それが、自粛と在宅勤務によって会社とのつながりが一時的に断ち切られた結果、露わになったのだ。

「私の居場所はここじゃなかった」

「私が働いていたことって、何につながっていたんだろう?」と。

多くの人は、資本主義というOSの、ビジネスというゲームをプレイし、自分の年収を上げ、資産を積み上げ、勝ち残っていくために昼夜仕事をしている。そうやって年収が増え、売り上げが上がる。成長する。それを通じて、自分こそが意味のある存在だと思い込む。

だが、わかっていても簡単にはやめられない。その理由は、「依存症」になっているからだ。僕らはゲームの中で負けて、価値のない存在になりたくない。「負け犬」という状態を回避するために、ひたすら働き、次第にワーカホリックになっていく。ワーカホリックとは、依存症の一種だ。

依存症とは「特定のモノがなくてはならなくなる心理状態」を指す。アルコールやドラッグの印象が強いが、仕事、スマホ中毒、承認依存など対象は幅広い。依存症の特徴とは、自分が不快になる状態を回避するために、短期的に自分を満たすものに依存するということだ。

満員電車の中でスマホを見るのも依存状態の典型だ。満員電車では狭い空間にたくさんの人が押し込められ、見ず知らずの人と肌を接することになる。これは人間にとって不快な状態だといえる。一方、スマホ画面に映し出されるのは、自分の慣れ親しんだ情報ばかりなので、それらを見ていると、不快な状態が緩和される。その結果、すし詰め状態の満員電車の中であっても、乗客は一心不乱にスマホの画面を見つめ、その場を耐え忍ぶことができるのだ。

ワーカホリックと呼ばれる仕事への依存もその一例だろう。ワーカホリックとは「自分は役に立つ存在でありたい。そうでなければならない」という不安からくるものなのだ。

自分が仕事で価値を出せないかもしれないという深層意識の不安を回避するために、必死で仕事に打ち込む。仕事をしている間は、不安を感じなくて済むので、結果的に昼夜を問わず仕事に依存する状態に陥ってしまう。ワーカホリックの場合、仕事自体は体に害のあるものではないので、（過労で体調を崩さない限りは）人生に悪影響を及ぼすわけではない。だが、もしかしたらワーカホリックの状態になっていることで、その人が心の底から求めている「内なる声」に気づくことを阻害してしまっているかもしれない。

依存症のもうひとつの特徴は、「私は状況をコントロールできている」と思い込んでしまっていることだ。ドラッグの依存症の患者は、医学的に見ると完全に「依存症」なはずなのに、「そんなことはない。コントロールできている」と言い張るという。同様に、多くのビジネスパーソンは、自分のワークスタイルを自分で掌握できていると思い込んでいたのではないか。

たとえば、弁護士、戦略コンサル、外資系銀行、広告代理店、商社など、ハードワークで有名だった会社でもこの10年で一気に働き方改革が進み、以前のように夜中3～4時まで働くことは当たり前ではなくなっている。

コロナ禍で、強制的にオフィス出勤がなくなったことで、働き方をゼロベースで見直すきっかけが訪れた。それぞれが今までのオフィスでの働き方から離れてみて、感じたことは、「今までの働き方や生き方って、ちょっと異常だったかもしれない」ということだ。

では、そういう人はどうすればよいのか。

僕は先に述べたように、KDDIとの共同プロジェクトでデジタルデトックスのプロジェクトに携わった際、依存症についての文献を徹底的に調べたことがある。そこでわかったことは、「状況を無理やり解決してはいけない」ということだ。今の状態が異常だと気づいたからといって、その原因を強制的に取り除こうとしても、根本的な解決にはならない。「仕事がきついのは、会社のせいだ」と外部のせいにして会社批判をしても思考パターンが変わらないから、いつまでも自分自身を変えることができない。

働き方に行き詰まった人にとって、大切なのは、まず受け入れること。

「今起きていることはすべて事実。でもそれは悪いことではない。単なる症状である」と自覚する。

仲間をつくる。ありのままの自分をお互いに開示し合う。

そして、それを受容することから始める。

その上で、少しずつ行動を変えていく。

たとえば、目の前に食べものがあり、それを「食べたい」と自覚したとする。それまでなら、食べていたところを、たとえば「食べずに本を読む」といった他の行動に変えてみる。認知行動療法というカウンセリング領域の考え方だが、自分の認知パターンを可視化して、その認知に対して刺激を受けた時に、別の選択をすることで、徐々に習慣を変えていく。

働き方も同じだ。

先ほど、仕事をやめるのは劇薬で本質的な変化が起こりやすいと書いた。だが、そんなにすぐに仕事を辞められる人というのは少数派だろう。現実的に、変わるためには、今までの働き方が異常だったことを受け入れる必要がある。そこから少しずつ行動を変えていくのだ。

かつて僕は、ソニーで働いていた頃に「みんつく工房」という勉強会をやっていた。みんつくというのは「共創」という意味で、共創でアイデアを考えていくワークショップの研究を仲間とやっていたのだ。今でこそ「共創」というのは社会的に受容されているが、この勉強会を始めた2010年頃はまだマイナーな考え方で、日々の業務の中で共創ワークショップをやってもまったく理解されなかった。

しかし、社外には仲間がいた。彼らと一緒にプロトタイプを実践する。その成果の一部を使って、2〜3年後に理解してくれた会社の中で実践を進める。そんなふうに会社に所属しながら、副業でもワークショップをやるようになり、初めて5万〜10万円という報酬をもらってワークショップを開催できた。決して大きな額ではなかったが、このことはその後、キャリアの大きなトランジションを迎える上での大きな自信となった。

今の世の中では、副業を受け入れる会社も増えてきた。副業を始めてみると、会社からの辞令で動き、受け身でキャリアを歩んできた人ほど、「私はどんな仕事をしたいか?」「なぜその仕事をしたいか?」をゼロから考えるきっかけになるものだ。

そして、会社と違う環境で仕事をすることで、新たなコミュニティと出会える。必ずしも報酬をもらう必要はない。「第二の仕事」を始めることで、それまでの働き方への依存脱却の第一歩を踏み出すことができるだろう。

Q：

あなたが副業を始めるとしたらどんな仕事をしたいですか？
その仕事ではどんな働き方をしたいですか？

未完了を終わらせる

僕がトランジション理論を教えてもらったのは、クレアモント大学の教授のジェレミー・ハンター氏からだった。彼はTransformという団体主催のトランジション講座を開催しており、僕も本家本元で学びたいとそのプログラムに参加しているのだが、その中でこんな宿題があった。

「自分の中で終わらせてないことをリストアップしてください。大小問わず、どんな小さなことでも終わらせてきてください」

終わらせるというと、自分のキャリアを終わらせる、パートナーシップを終わらせるなど、大きなことを終わらせるイメージを持つかもしれない。

しかし、ハンター氏曰く、大きなことか小さなことかは関係なく、終わらせ方にその人ならではの決断に向けたパターンのようなものが見えて、それが大事だということだ。

その宿題をもらって僕もリストアップしてみた。小さなことでは、「昔、借りた本を返してない」「家の鳥の餌台の修理をしないと……」というようなことから、大きなことでは「過去の人間関係のわだかまり」などが出てきた。

その中でも、特に自分がつい未完了にして放ってしまうパターンとして、何かに別れを告げることが苦手だということに思い当たった。僕は、イベントや研修などの終わりに別れていく場面がすごく苦手だったりする。人は出会い、そして別れていくのだけど、別れていくということの痛みに直面するのが苦手なのだ。

そう思うと、日常は、常に新しいことが生まれ、終わらせていくことの繰り返しだ。その中で何か終わらせてないことがあるか？

未完了のことがあるか？

勇気を出して、小さいことから終わらせていくことは、誰にでも始めやすいし良い習慣なのではないかと思う。

Q：あなたが、今自分の中で終わらせていないことはなんだろう？
それを、小さなことでもいいので、ひとつ終わらせてみてください

2 ニュートラルな段階
（ニュートラルゾーン）

方向は決めずに動きまくる
――セレンディピティを引き寄せる方法

何かをやめると、「自分は何者でもない」という、ふわふわした時期を過ごすことになる。これを「ニュートラルゾーン」と呼ぶ。

ずっと忙しく過ごしている時は、余白の時間が欲しいと思っているのに、いざ暇になって数日もすると不安になってくる。そんな体験をしたことはないだろうか。

緊急事態宣言があった2020年4～6月期、BIOTOPEの仕事は一切止まり、売り上げが一時的にゼロになった。プロジェクトで忙しくしているのが当たり前だった状況から、突然仕事がなくなった時、なんともいえない焦りの感情になった。当時、「不要不急」という言葉が叫ばれる中、自分たちの仕事の存在意義を疑った時期もあった。

「社会から求められていない」

「何もすることがない」

そんな時期は、自分が何者でもないという不安と向き合う時間でもある。それは、自分の中の恐れという感情との戦いでもあるのだ。

先述した『Life is in the transitions』（ブルース・フェイラー著）には、トランジションの期間中に向き合う感情の種類についてのアンケートがある。興味深いことに、その感情のトップは、「恐れ」だ。


何かをやめて生まれた空白の時期。終わらせることで、新しいものが入ってくるのを待つ時期だ。予定に埋め尽くされていない、余白の時間。同時に何者でもない恐れとも対峙するというアンビバレントな長い探索の期間。それがニュートラルゾーンだ。

このとき大切だといわれていることは、「興味のあることはとりあえず何でもやってみること」。

たとえば、知人に誘われたイベントにすべて参加してみる。ずっと気になっていたけれどできていなかったことをリストアップして、手当たり次第、全部やってみる。それを続けていくうちに、自分の心が自然に動くようなものに出会うフェーズがやってくる。一度、心が引き付けられるものに出会ったら、一目散にその方向に向かえばいい。

本書の出版元であるあさま社の創業者、坂口惣一さんは、勤めていた出版社を辞めて、移住先の軽井沢で出版社を立ち上げた。だが、最初から出版社を立ち上げようと考えていたわけではなかった。移住1年目は何か新しいことをやりたいけれど、何をすればいいか具体的にはわからない、そんなニュートラルゾーンの時期だったという。

そこで彼がしたのは、興味のあることには、とりあえず手を出してみること。

軽井沢で子ども向けのプレイパークをつくる活動をしている人に、面識もないのに会いに行って「仲間に入れてください」と直談判したり、地元のワークプレイスに行って、具体的なプランがあるわけでもないのに、「一緒に何かやりましょう」と声をかけた。このときは、とにかく不安で焦りがあったという。

そんな五里霧中の状態で動き続けながら1年が経った頃、本当にやりたいことに出会う瞬間がふいに訪れた。奥さんと「軽井沢に出版社があったら面白いよね」と

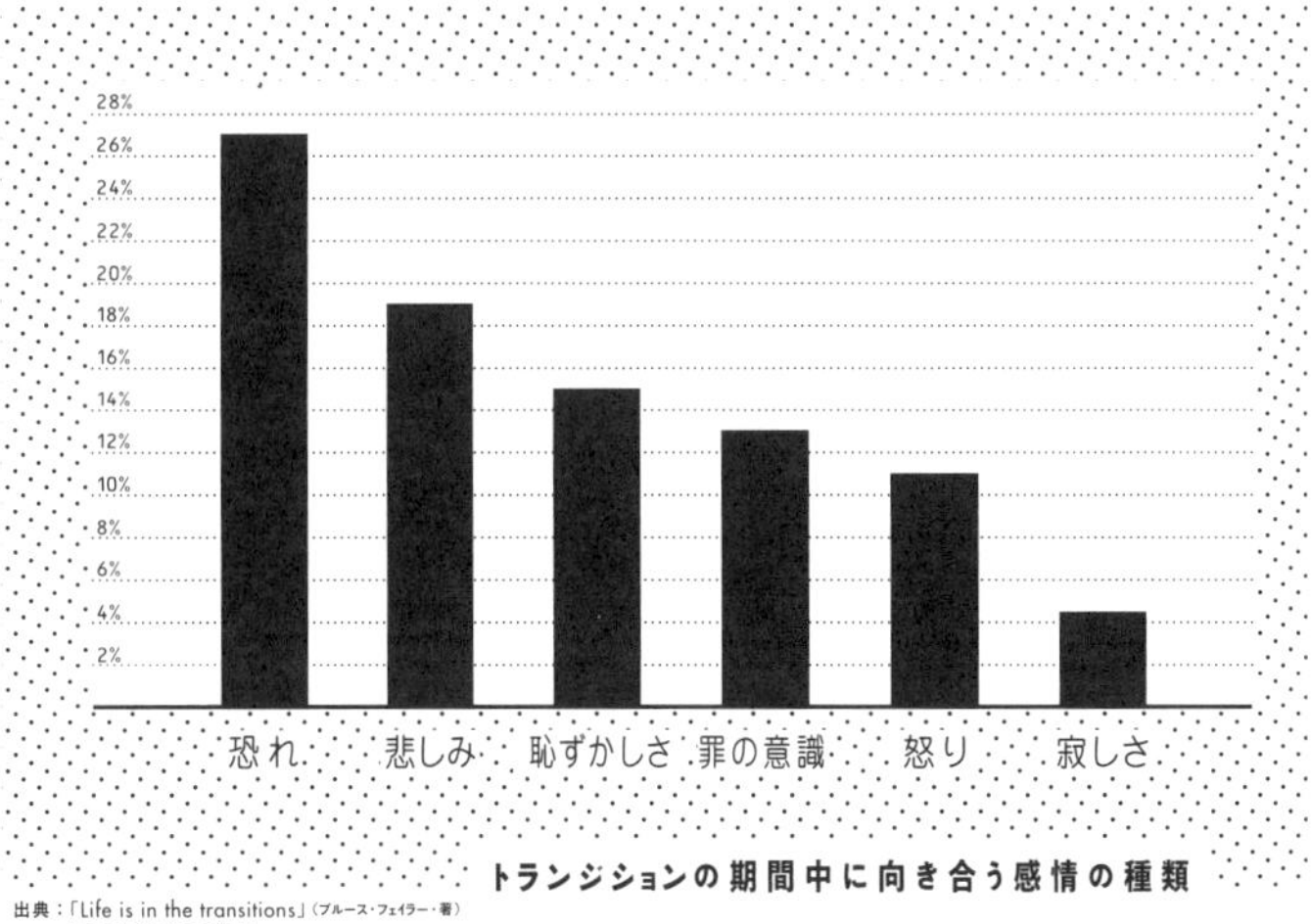

出典：「Life is in the transitions」（ブルース・フェイラー・著）
を元に編集部にて作成

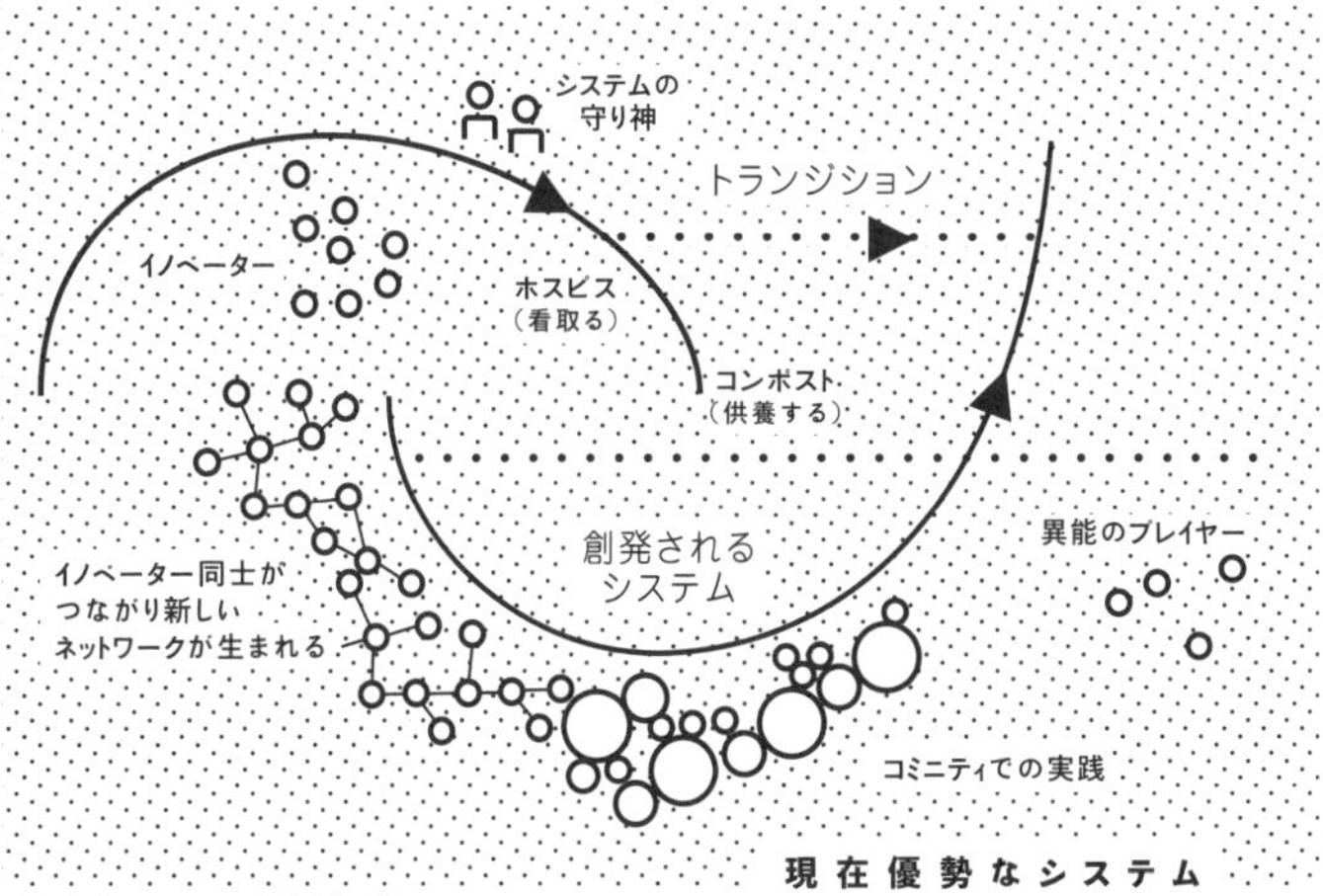

出典：Berkana institute の Bob Stilger「Transition」
を元に編集部にて作成・筆者訳

雑談をしているときに、「でも、先に誰かにやられちゃったら悔しいよね」といわれ、急に「自分がやらないと」と心が動いたそうだ。このとき、坂口さんは「誰もが出版社を立ち上げられるわけではない。それに気づけた自分はラッキーだ」と感じたという。

もともと出版社で仕事をしていたため、本をつくるところから、売るところまで具体的にイメージできたので、そこから会社を設立するまではあっという間に進んだという。

ここで大事なことは、坂口さんが最初から出版社を立ち上げようと考えていたわけではなく、東京から軽井沢に移住して1年間、さまざまな不安やモヤモヤを抱えながら模索を続けた結果、やるべきもの（ビジョン）に出会えたということだ。これは、トランジションのプロセスそのものだ。

不安を飼いならす3つの方法

一方で、こうしたニュートラルゾーンのフェーズは、どうしても不安な気持ちに襲われる。前述のコロナ禍の時は、ホットスポットのように時間がぽっかり空く日々が続いた。元々は時間がないことに不満を感じていたのに、いざ一気に仕事がなくなり、一日のスケジュールが真っ白になった時、感じたのは解放感ではなく、不安だった。「自分は世の中に価値を生み出していないのでは……」「このまま誰にも必要とされず終わっていくのでは……」と自分の中にある恐れが顔を出す。

これは僕に限ったことではなく、前述したようにニュートラルゾーンに入った人の多くに起こる現象だ。何者でもない不安や恐れへの対処の仕方はいくつかある。

1. 自分の感情をジャーナリングする

ジャーナリングというのは、自分の感情をそのままノートに書き出すことだ。内面の感情の日記を書くようなものと思ってもらえると良いだろう。不安や、恐れというのは、形になっていないと大きく膨らんでいく。しかし、自分が何を恐れているのか？　何を不安に思っているのか？　すべて書き出してみると、実際にはそこまで最悪のシナリオになることはないということに気付ける。

2．誰かに聞いてもらう

トランジションの時期は、自分の感情が常に揺れ動く。こういう時期には、コーチングや、カウンセリングなど、自分の変化に伴走してもらう相手をつけると良い。

この時期の不安や恐れは、日常会話の中で誰かに話すことは難しい。また、自分のことをそこまで深く聞いてくれる相手もなかなか見つからないだろう。誰かに自分のことを話し、受け止めてもらうという行為は、それ自体が自分自身の感情を客観的に見つめ直すことができる行為になる。さらにいうと、仮に自分が頭でわかっていることでも、誰かに受け止めてもらうことで、自分自身の内的なとらわれを捨て、内面を浄化するきっかけになる。

いわば、不安や恐れを持っている自分を第三者が受け止め、メタ認知し直してくれることで不安や恐れへ対処できるようになる。トランジションの時期には、コーチングやカウンセリングなど、「聞いてもらい受け止めてもらう」ことに投資をするのも効果的だ。

3．不安の正体と正面から向き合う

不安を書き出したり、聞いてもらったりすると、不安や恐れの正体がだんだん見えてくる。たとえば、誰かに嫌われるんじゃないか、仕事を辞めたらお金が入ってこないんじゃないか、人が離れていってしまうんじゃないか、というような漠然とした、しかし自己尊厳にかかわる不安が見えてくる。

何もできない無力感こそ、不安や恐れの源泉なのだ。ここで勇気を出して、何かしらのアクションを始めてみると、不安を「飼い慣らす」ことができるようになるだろう。いきなりすべては解決しないが、人は不安に対してアクションをすると、その不安をコントロールできるようになるのだ。

大事なのは、ありのままの考えと向き合うことだ。その時に僕が始めた習慣が、夢を記録することだった。ユング心理学では、夢を深層心理からのメッセージととらえ、分析の対象とする。枕元に日記帳やスマホを置いて、朝起きてすぐにみていた夢をメモする。それぞれの夢でどんな気持ちになっているかを考えると、自分自身の内面がよりわかるようになってくる。夢を記録しだすと、面白いことに、より夢を見るようになる。そして、現実世界と夢の世界の2つが地続きのように感じられるようになり、視野が広がった感覚になる。

新しいビジョンに出会うまでのニュートラルゾーンは、いわば霧に包まれて、方向感覚がまったくない状態だ。この中では、新しいことに何でもチャレンジするフットワークの軽さというアクセルと、不安に対処するブレーキを両方持ちながら、「あっちかもしれない」「こっちかもしれない」と手探りで進んでいくのが良い。

まずは方向を決めずに動いてみることが大事だ。シンプルに好きなことでもいいし、本当はずっとやりたかったことでもいい。「もしお金を稼がなくてもいいなら何をしたいだろうか」と考えてみるのもひとつのアプローチだ。多くの人は「お金を稼ぐために仕事をしなければいけない」と思い込んでいるから、自分が持つ無意識の果たさなければいけない役割を手放し、自分のメンタルブロックを取っ払って考えてみると、これまでとは異なる景色が見えるかもしれない。

Q：あなたにもし怖れがあるとしたら、それは何ですか？

新しいコミュニティに飛び込む合理的な理由

ニュートラルゾーンの時にあって、どんなに環境が変化しても、思考パターンが以前と変わっていなければ、人生は変わらない。だが変化とは、多くの人が苦手としていることだ。一般に、自分の中にある課題を、自分だけで解決するのは困難だと言われている。では、どうすれば人生の選択肢に気付けるのか。ここでのキーワードは、コミュニティだ。

以前、引きこもりをテーマに研究・実践を重ねている心理学者の村澤和多里氏にインタビューをしたことがある。引きこもりに陥ってしまった子は、自己尊厳を傷つけられた状態で自己否定のサイクルに入ってしまい、そのサイクルから出るきっかけがなかなか見いだせない。そんな子が社会に戻っていくためには、同じような境遇の子どもたちが集まって、ただ遊び、場を共にする体験をすることが重要だという。同じ場を共にし、そこで「彼は、コナン好きの子だよね」という形で、あだ名がつけられるようになると、そこから自然に社会復帰できるというのだ。誰かと一緒に場を共にし、遊ぶという経験を通じ、人との間で受け入れられると体が開いていく。この「体を開く」ことがここでのポイントだ。体を開くことで、心も開かれる。そして、自分の中で完結していた悪循環を脱するきっかけを作ることができる。

ここまで何度か触れてきた「依存症」状態もそれに近いのではないかと思う。課題を一度外に出し、外部からフィードバックをもらい、課題を持った自分自身が「受け入れられているんだ」と認識しなければ、変わる一歩を踏み出すことは難しいだろう。薬物中毒を解決するアプローチには、必ずコミュニティの存在がある。同じ変化を志す周囲の人との相互作用の中でゆっくり、確実に起こっていく。

だからこそ、変化を迎えた人には、共通のゴールを持つ人同士でつながり、コミュニケーションを通してお互いを変えていける場（コミュニティ）が必要だ。「ここは自分の居場所だ」と安心できれば、そのコミュニティを通して自分を変えられる。（コミュニティのリアルについては、第3章で詳述する）。

人生を変えるには会う人を変えることがひとつのきっかけとなる、というのはこういう理由からだと思う。ニュートラルゾーンにいる時期には、あえて、新しいコミュニティとつながりをもつことが重要だと言えるだろう。今までの慣れ親しんだコミュニティとは違う人の輪へ、あえて飛び込んでみてはどうだろうか。

Q:

今まで、「新しいコミュニティ」に飛び込んだ経験はありますか？
その経験はあなたにどのような変化をもたらしましたか？

自分をとらえ直す「儀式」

前述したように、「終わらせる時期」を経て、ニュートラルゾーンを迎えたときに人は不安に苛まれる。肩書や所属先を手放し、何者でもない自分を受け入れることは、並大抵のことではない。そのようなときに、大切な心の持ち方がある。それは、「すべてを完璧に」という発想から脱却し、諦観するための心のありようだ。

マインドフルネスというアプローチがあるが、これも課題を課題として見ないという、仏教の考え方を基にしている。「課題があろうがなかろうが、それを感じつつやりすごせばいい」という考えだ。

キリスト教などの一神教は、大まかにいうならば「人間にはもともと罪があり、罪を解消するために頑張る」という考え方だ。人間には課題があるという前提から始めるイシュー・ドリブンで、近代科学の源流にもなった考え方だ。

仏教の考え方はこれとは異なり、ありのままに生きていくものといえる。課題はあってもいい、ただやり過ごしていけばいい、という考え方。そして、不完全な自分を受け入れ、囚われ（とらわれ）から逃れるといった常に環境に適応し続けていくスタンスだ。

仏教で瞑想をするときには、"Here and Now"「今・ここ」で何を感じているかだけに焦点を向ける。人間は知性を持ったがゆえに、未来のことを考えられるようになった。未来はポジティブなこともあれば、当然不安なこともある。つい未来のことばかりを考えるから、煩悩が生まれるのだ。そうではなく、「今・ここ」に焦点をあて、先のことに目を向けずに、日々をやりすごす感覚をもつことが、ニュートラルゾーンでの重要な考え方なのではないだろうか。

「今・ここ」に意識を向けて過ごす、という意味では、1日の振り返りに時間を使うというのも良い方法だ。たとえば夜、寝る前に、感謝したことを3つ書き出してみるのも良い。人の意識は焦点の向け方によって変わる。「今・ここ」、そして、その日あったことという過去に焦点を向けることで、先の見えない未来に気を取られすぎないというのも過ごし方の秘訣だろう。

ニュートラルゾーンを乗り越える上で、何かしらの「儀式」を行った人も多い。先述の『Life is in the transitions』では、次のような習慣が紹介されている。

個人の儀式

・髪を染める
・ダイエットをする
・髭を剃る
・名前を変える
・SNSのプロフィールを変える
・想い出の品を燃やす

・タトゥーを入れる
・ベジタリアンやヴィーガンになる
・自分の祭壇を作る

集団の習慣

・変容のリトリートに参加する（ネイティブアメリカンの儀式、スウェットロッジなど）
・変化を宣言するパーティを開く
・ファスティングの合宿に行く
・新しいコミュニティに入る

ここで、僕自身の体験を紹介したい。僕は28歳で大きなキャリアのトランジションを迎えた時に、内観という儀式に参加したことがある。内観とは、研修施設に1週間こもり、スマホなどの情報デバイスをすべて手放した上で、内省を行うイベントだ。ここでは、0〜5歳、5〜10歳など、年齢ごとに区切った上で2〜3時間、ひたすらその時期に父、母、兄弟姉妹などとの関係の中で何があったかのシーンを思い出していく。そして、「してもらったこと、してあげたこと、迷惑をかけたこと」という3つについて、3時間ごとにその内容を話すという体験だ。

1週間知人とも会わずに過去のことを思い出していくので、なかなか壮絶な体験なのだが、過去の記憶を具体的なシーンをイメージしながら思い出していくと、今、生きている「人生の物語」とは別の気づきが得られてくる。

たとえば、僕の場合は、父親との関係があまり良くなく、彼から「迷惑をかけられた」という意識があったが、小さい頃のことを思い出すと、父がしてくれたことの方がはるかに多かったことに気付かされる。「私は父の被害者である」という人生の物語が、別の形に書き換わっていく。

僕が小学校高学年になった頃、父は40歳前後。子育ても一段落して、日本の政治リーダーになっていきたいという夢に向かって動きたかった時期だったのだろう。そのチャレンジは、家族にとっては苦しいこともあったけれど、尊重しなければいけなかったのかもしれない。そう思って、そのイベントが終わった後、父にそれまで育ててくれたことへの感謝の意を伝えた。その儀式があってから程なくして父は急死してしまったのだが、父とのわだかまりを終わらせていた儀式を体験できたことでそれをきっかけに自分は真の意味で自分を受け入れられたし、自立できた。

また最近、10年以上ぶりに再び人生の変容の儀式ともいえるイベントに参加した。ネイティブアメリカンのラコタ族にて行われている「スウェットロッジ」という儀式だ。スウェットロッジは、その地域の木、水、火を使って行われる天然のサウナだ。といっても、普通のサウナではない。女性の子宮を模したという高さ1m以下の狭いスペースに10人以上が寄り添って座り、真っ暗になった状態で130度近いロウリュを浴びるという壮絶な儀式だ。この儀式は、ネイティブアメリカンにとっては、自分が普段悩んでいることや自分がかぶっている仮面＝ペルソナを剥がし、ありのままの自分を晒し、仲間と共有することで、自分が一人ではなく仲間と、そして自然とつながっている感覚になる大事なイベントだ。

人には自分自身が無意識に変わっていくのは怖いという防衛本能がある。熱風を浴びながら、その試練を仲間と共に乗り越えることで、自分とはこういう人間であらねばならないという理性の囚われが吹き飛び、ただ、今・ここにあることをありがたいと感じるようになる。

年齢を経ると、自分の心身の限界を超えるという機会は減ってくるが、スウェットロッジは久しぶりに限界を超えた試練を味わったイベントだった。この儀式を経た自分の変化はまだ始まったばかりで言語化できないが、大きな一つのきっかけになったことは間違いない。スウェットロッジをファシリテーションしてくれた松木正さんは、ネイティブアメリカンと長年共に暮らし、本場の儀式を日本で展開してくれている。人生に転換点を迎えていると感じている人は、体験してみるのも良いと思う。

3 再生期：ビジョンメイキング

古い自分をしっかり供養する
——新しいシステムが生まれるプロセス

自分が何者でもない状態であるニュートラルゾーンを越え、どうやったら僕たちは新しい未来を見つけていけるのだろうか？　光の差す方向をどうやって見つけていけるのだろうか？　つい僕たちは、目の前の灰色の日々が魔法のように突然彩られ、輝く日々に変わることを夢見てしまうが、実際にはそんなことはない。むしろ、沈んだ日がまた上るように、少しずつ変化していくものだと思う。

東洋思想では、陰が極まると陽が生まれてくるという。

明るい世界にいると、そこで価値のあるものが明確になりすぎる。どうしても相対的に価値の低いものに意識が向かなくなり、優先順位が下がりがちだ。すると、本来ワクワクするかもしれないことも、明るい世界の中では視界に入ってこない。

一方で、ニュートラルゾーンに入ると、それまで見えていなかった「自分にとって価値のあるもの」が、視界に浮かび上がってくる。

ニュートラルゾーンの時期に現れる、この何かを生み出すリソースとなりうる余白は、「ビジョンのアトリエ」として呼ばれている。僕は「ビジョンのアトリエ」を「地下世界に落ちる」というメタファーで表現している。地下は暗いので、弱い光しか発していないものでも、視界の中にとらえることができる。日常の世界では見過ごしている大事なことがぼんやりと浮かんでくる。その小さな光こそが、将来、必要なものかもしれない。10年後の自分に決定的な影響を与える可能性があるかもしれない。かつての僕がそうであったように。

実際、会社を辞める、挫折する、メンタル不調になるといった経験をして、何かを終えたり、なくしてしまったりした人のほうが、その時期にビジョンを発見するケースが多い。その期間に新しいものが入ってくる余地があるからだろう。

変革ファシリテーターとして有名なBerkana instituteのボブ・スティルガー氏によると、トランジションは以下のようなプロセスをたどるという。

支配的なシステムが存在する裏で、新しい未来のモデルの芽は出ている。しかし、実際には、支配的なシステムを一度壊し、そしてその終わりを十分に「供養する」ことで、新しい自分が現れる。トランジションプロセスの途中では、古いシステムの死と、新しいシステムの生が並行する状態が続き、ある時、それまで地下に潜っていた新たなモデルが地上に現れ、一気に支配的になっていくというのだ。

新しいものが生まれる〈再生期〉とはいっても、「種」のようなものはすでに播かれていて、地下で根を張っている可能性がある。ただ、今までの生き方をしている自分の目線からは、その存在に気付けないだけなのだ。

では、〈再生期〉には内的に何が起こっているのか。

最初は、ニュートラルゾーンにあれこれトライしたものの中で、「この方向にいけば面白いのではないか」ということとの出会いからスタートする。その時には、まだビジョンは淡い光を放っているだけかもしれない。しかし、光のドットを重ね合わせていくと、新しい星座のようなものがぼんやりと見えてきて、次第にビジョンとしての輪郭を持ち出す。

ここからは、僕が戦略デザイナーとして個人や企業に伴走する中で、思考のベースとしている「ビジョン思考」を援用しながら、ビジョンづくりについて解説しよう。

古いエンジンへの未練を捨て、新しいエンジンをつくる

新しい何かが始まる時、大事なことがある。それは、今までの自分をドライブしてきたエンジンをメンテナンスしてなんとかしようと考えるのではなく、まったく新しいエンジンをつくるくらいの気持ちを持つということだ。

僕たちは何かが新しく始まる時は、劇的な変化が外部からもたらされるのではな

いかと考えがちだ。だが必ずしもそうではない形で始まることが多い。ちょっとした人との出会い、今まで頼まれることのなかった仕事……。それらは、派手ではないし、目立たなかったりもする。

その一方で、これまでの成功モデルは、とてもわかりやすい。深く考えなくてもパフォーマンスが出るので、ついそのモデルにすがってしまう。だからこそ大事なのは、過去のエンジンを捨て去り、まったく新しいエンジンを見つけようとする「覚悟」のようなものだ。

再生のプロセスは、外的な変化よりも、「自分とは誰なのか」という認識が変わることで生まれるのではないかと思う。

自分自身が誰なのか。

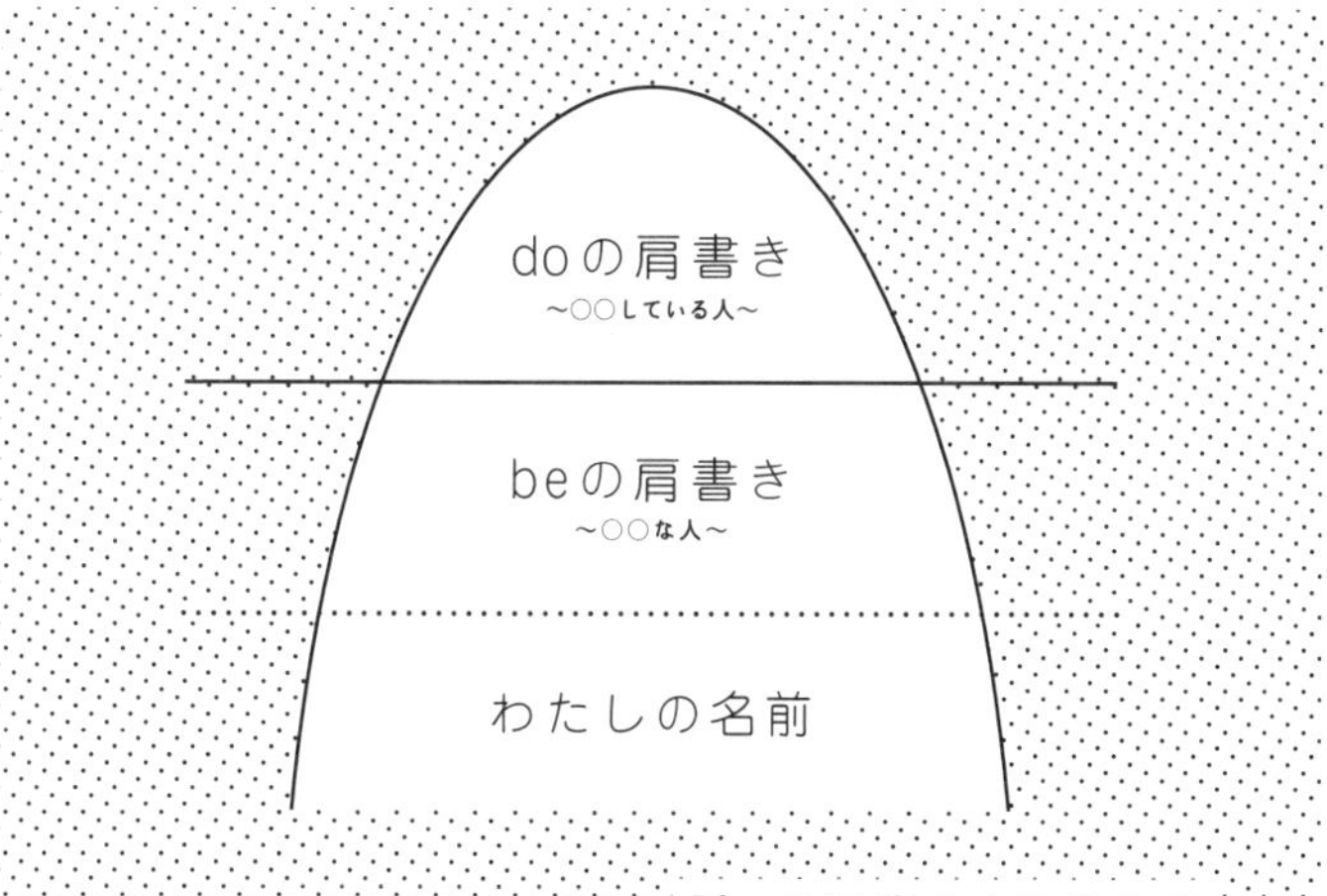

「beの肩書き」の考え方

出典：『beの肩書き』（兼松佳宏・著）を元に編集部にて作成

何によって動かされているのか。

そのとらえ方が変わることだ。

ひとつ例を挙げよう。さとのば大学で副学長を務める元greenz.jp編集長の兼松佳宏さんは、「beの肩書き」という考え方を提唱している。

僕らは自分について語る時、職種——デザイナー、エンジニア、編集者のように何をする人かという「doの肩書き」で考えがちだ。だが、そのとらえ方だと、やっていることと内面がズレてくるとしんどくなってしまう。そこで、「どう在ると自分らしいか」という問いに焦点を向けて、それにタイトルをつけるのが「beの肩書き」という考え方だ。


たとえば、僕の場合、普段「戦略デザイナー」と名乗っているがこれは「doの肩書き」だ。30代を通して、実績を重ねる中で、BIOTOPE（戦略デザインファーム）の経営者、本の執筆家、多摩美術大学での非常勤講師など、doの肩書きが増えた。それに伴って、自分は何をしている人なのかわからなくなっていった。

その時に、一番ワクワクしているのはどんな状態かを振り返ってみると、「ビジョンを持った人やチームの話を引き出し、それを物語にする」ような時間にワクワクし、生きている実感に気づく。

ビジョンメイキングの時期に自分を振り返るというと、どうしてもキャリアパスや職歴に目がいってしまうものだが、「do」ではなく、「be（在り方）」がどのように変化しているかに焦点を当ててみると、内的変容に向き合いやすいだろう。兼松氏のbeの肩書きはワークショップになっていて、僕自身も簡単なバージョンを体験したことがあるが、自分自身のとらえ方が軽くなっていくような感覚になった。興味がある方は『beの肩書き』を読んでみてほしい。

新しくつくるのではなく、解放する

内的な変容が進むと、だんだんとワクワクすることに出会ったり、ワクワクすることに時間を使うことができるようになってくる。そんな時は、改めて自分のビジョンを具体化するのに良いタイミングだ。

では、具体的にビジョンは、どのように作っていくのだろうか。

前提として理解してもらいたいのは、ビジョンづくりとは決して新しく何かをひねり出すものではないということだ。どちらかというと、自身の潜在意識にすでに存在していて、〝解放する〟作業に近い。

そのため、うまく引き出すためには、考えるのではなく、「感じる」ことから始める。

その手法のひとつが、スケッチで視覚的にとらえるという方法だ。自分が実現したい未来の姿を、実際に絵で描いてみる。最初はぼんやりとしたイメージでかまわない。そこから手順を踏んで、段々とクリアにしていく。ある程度、解像度が上がってきたら、そこで初めて言葉で語っていくのだ。

大切なのは、向かいたい「北極星」と、その周辺にある景色をどれだけ豊かにイメージできるか。その景色をありありと描けるようになることで、初めてビジョンを言葉に昇華できる。まず直感や感覚的に感じたイメージを膨らませながら形にしていき、最終的にロジカルな言葉に落とし込んでいく流れだ。

なぜなら、ビジョンとはまだ生まれていない思いや、概念を言葉にする作業でもあるからだ。反対に、言葉だけでいくらビジョンを考えても、なかなかイメージ通りにならないことも多い。直感から論理へとつなげていくことが、新しい概念を生む秘訣だ。

もちろん言うは易く行うは難しで、ビジョンづくりは決して楽なプロセスではない。ここでは、多くの人が直面する典型的な壁を5つ挙げておこう。

ひとつ目の壁は、そもそも考える時間を確保できないという課題。目先の仕事に追われた生活を続けていると、目に見えない未来のことを考える余裕など生まれない。その意味で、ビジョンづくりは、自分の未来を考える「余白」を作る覚悟がまず求められる。でなければ、大抵は目の前の仕事に流されてしまうだろう。

2つ目は、現実思考の課題。メンタルブロックなどとも呼ばれるが、現存する制約を意識しすぎるあまり、自由な発想ができなくなってしまう。例えば、年齢のせいにしてしまうケースなどだ。「18歳の時なら様々な可能性があったが、40歳の今は何をやるのも手遅れではないか」。そんな思考に陥ってしまうと、生き生きとしたビジョンはなかなか描けない。

3つ目が、ビジョンを具体化できない課題。知覚力とも呼ぶが、頭の中にある抽象的な構想を絵で表現したり、物語として説明したりする力が不足している場合に陥る。

4つ目は、独自性の課題。ビジョンを表現することはできるが、それが他と似通っていたりして、凡庸なものになってしまう場合が少なくない。

最後は、人にわかりやすく伝えられないという課題だ。魅力的で独自性のあるビジョンであっても、最終的に多くの人に理解し、共感してもらう必要がある。しかし、しっかりと伝わる表現や言葉でビジョンを語るのは案外と難しい。

大抵の人は、先に挙げた1〜3の課題のどこかで止まってしまう。ただ、正しいプロセスさえ踏めば、ほとんどの人はスムーズに解決できる課題だ。むしろ難関は4と5。やりたいイメージが具体的になった後、独自性やビジョンの表現のステージで、創作にはつきものの「生みの苦しみ」が待っている。壁に突き当たりながらも、試行錯誤を繰り返したり、他の人に意見をもらったりしながら、何とか乗り越えることで、最終的には腹落ちするビジョンを語れるようになる。そこまでいけば、達成感を得られるし、自信もつくだろう（興味のある方は、Udemyの「オンラインで学べる「直感と論理をつなぐ思考法」！ 妄想からインパクトを生みだす【ビジョンのアトリエ講座】を受けてみてほしい）。

頭で考えず、必ず手を動かす

再生期は、生活の中でも新旧が混在する時期だ。その中で、新しい自分に必要なものとそうでないものを見極めなければならない。しかし、日常はいやがおうでも訪れる。なかなか、新しい自分だけを想像するのは難しい。

そんなタイミングで重要になってくるのが、未来を表現する「真っ白なキャンバス」だ。アーティストの創作活動は、キャンバスがあることで新しいイメージが具体的な絵になっていく。ビジョンは、スケッチブックのちょっとしたメモからスタートすることも多い。

海外の企業なら、米エアビーアンドビー共同創業者のジョー・ゲビア氏が創業初期に描いたといわれる「ビジョンスケッチ」が参考になる。エアビーアンドビーは、事業領域としては民泊のマッチングサービスを提供する企業だが、単なるマッチング事業者ではない。コミュニティをとても大切にしていて、ヒューマンタッチな企業文化を持つ企業として知られている。サービスの利用者がどのような体験をするか、あるいは誰とつながるかを価値観として大事にしている。

これらの要素は、ビジョンスケッチによく表れている。世界を旅しながらも、自宅のような環境で宿泊する様子が描かれていたり、現地で出会う人の笑顔があったり。食卓を一緒に囲んで、いろいろな人との出会いを大切にするという価値観が垣間見える。

もうひとつ例をお見せしよう。これはBIOTOPEが支援したＡＬＥ（エール）というスタートアップだ。同社は「科学を社会につなぎ、宇宙を文化圏にする」をミッションに掲げ、人工流れ星を打ち上

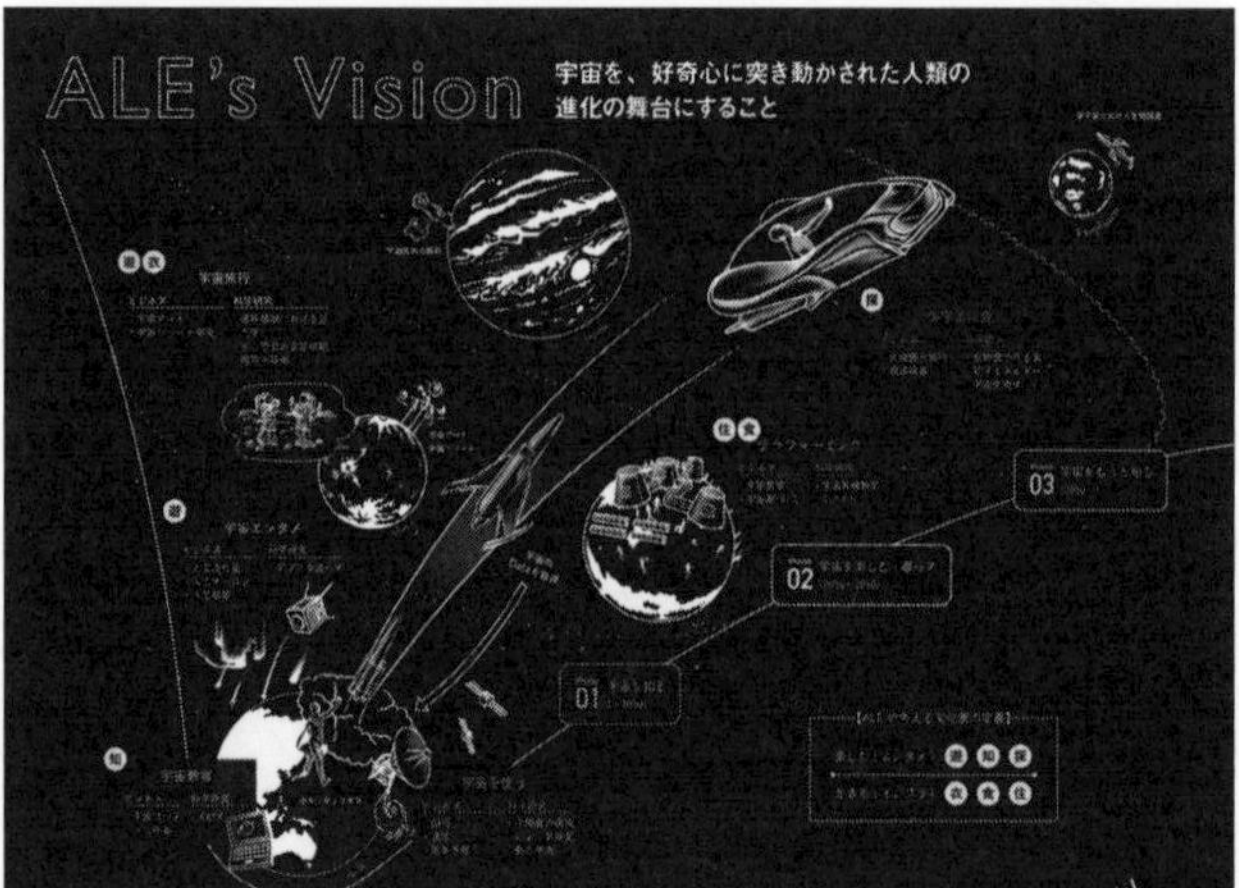
ALE's Vision
宇宙を、好奇心に突き動かされた人類の
進化の舞台にすること
01
02
03

げるための衛星の打ち上げに成功した。写真にあるのが、創業者や社員が描いたビジョンを1枚にまとめたスケッチだ。

ご覧いただくとわかる通り、スケッチの中で実現したい目標が時系列に、生き生きと描かれている。2020年代はまず人工流れ星を通じて宇宙という場所自体に興味を持つが、やがて月への旅行といった移動に関心が移っていく。そして移住ができるようになる時期には、農業やアートなど、宇宙という新たな舞台で、持続可能な新しい人類の文明や文化を育むことを目指している。さらに、宇宙で培った新たなモデルを、逆に地球に逆輸入していくところまで考えている。2050年以降まで続く壮大なビジョンだが、個人の構想がここまでスケールの大きな物語になるという、興味深い例だ。

ビジョンに良し悪しがあるかというと、言葉の裏にある、世界観や大事にしている価値観が伝わっていくものが、良いビジョンだ。伝わりやすさだけでなく、その人が何を大切にしているかを感じられるとさらに良い。最終的なビジョンの役割とは世の中を大きく変えていくこと。だから、周囲がそのビジョンについていきたくなるか、共感力や波及力が問われることになる。もちろん、その構想をどれだけ高い解像度で表現できるか、納得感も大事になる。

一人で黙々とやるべきかについては、まずは2人でやるのが理想的だ。お互いを深く理解している人とペアになって、自分の考えに意味づけをしてくれる壁打ちのような相手がいいだろう。

基本は、互いに妄想を語り、描いた絵を披露しながら、フィードバックし合い、自分の考えが相手にどう伝わるかを確認する作業を繰り返す。いわば、ビジョン・パートナーともいえるような関係をつくって、言葉にしていく。そうした相手がいなければ、身近な家族と一緒にやってもいいだろう。

「好き」を仕事にするために考えておくべき問い

あれこれと模索を続けるなかで、進むべきビジョンのようなものが見えてきたら

「次のステージを探す段階」へと移る。

　このようなキャリア・トランジションを行っていく上で大事なのは、妄想と現実のバランスをいかにとるかということだ。現実的に「できる」ことばかりをやっていると、だんだんすり減ってくる。一方で、妄想だけでやりたいことだけをやっていると、キャッシュフローは安定しない。移行期に大事なのは、「役に立って生きる」ことと「好きで生きる」ことのバランスをとっていくことだ。

　次の図を見たことがあるだろうか。海外で"Ikigai"フレームワークとして知られたベン図だ。LOVEというのは好きで心からやりたいこと。GOOD ATというのは、得意で無理しなくてもできてしまうこと。NEEDSというのは、社会から必要とされている

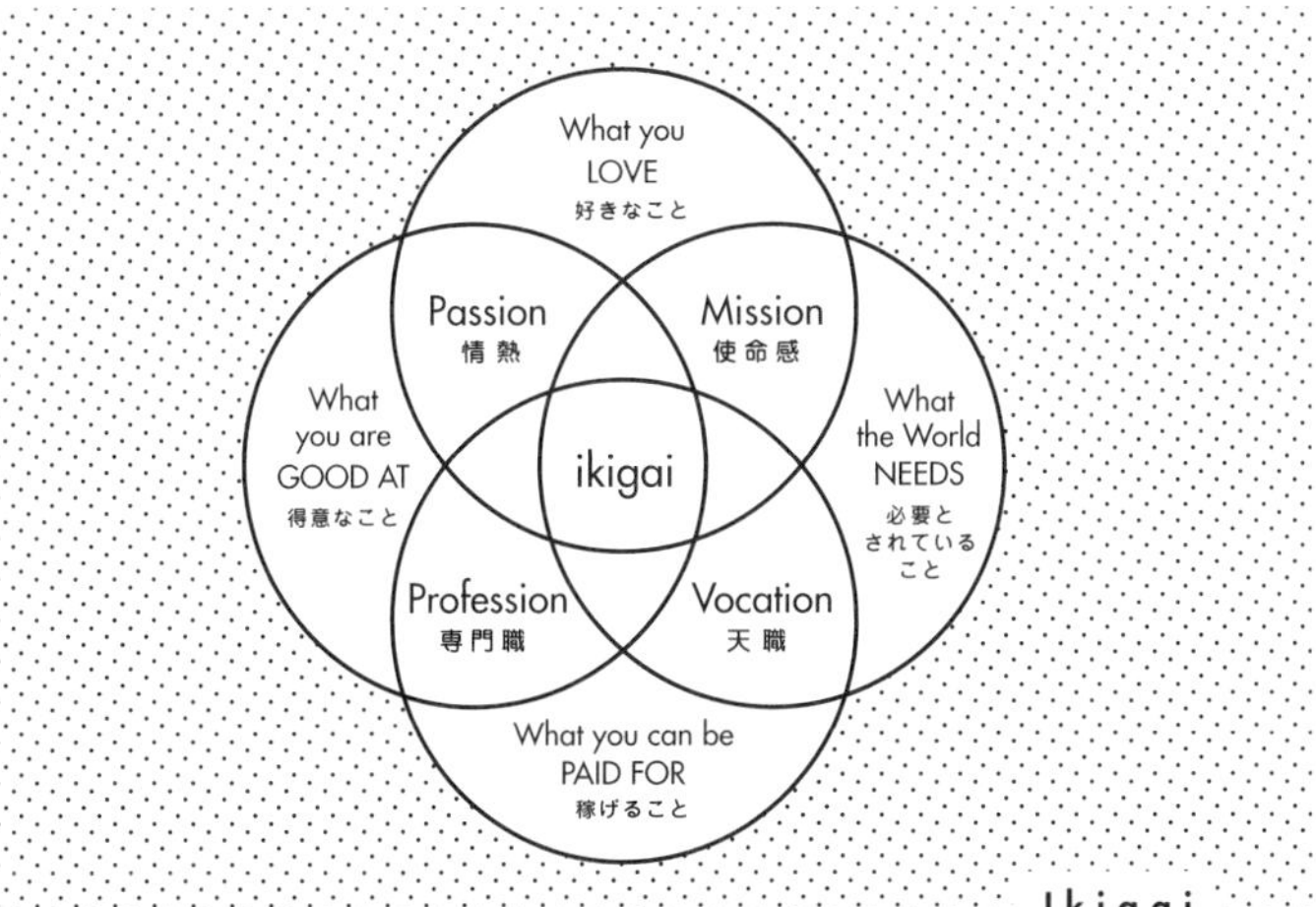

Ikigai

こと、PAID FORというのは、自分の能力を捧げること。

キャリアをつくる最初は、強みであるGOOD ATを特定して、世の中のNEEDSとマッチングさせていく。そのことで、経験を増やしたり人脈を増やしていき、リソースを増やしていくことが有効だ。ある程度、生計を立てていくことは必須だろう。

そして、ビジョンを大事にしたキャリアづくりの上では、LOVEを起点にスタートする。

北極星をイメージし、その中で興味のあるキーワードを設定する。好きで興味があることを続けていけば、時間が経ったらそれがGOOD ATとなり、できることを発信し続けていれば、必要としている人も現れる。

僕は、ビジョンに向けて歩んでいくキャリアの道について、「サーフィン」をメタファーにして考えることが多い。波が強い場所は誰にも見えているため、みんな殺到する。一方、誰もいない沖にいて自分のペースでやっていると、そのうち大波が来て一人だけがスピード感を持って乗れる。ニッチでユニークな価値を出していると、時代の先をとらえていた時に（結果的に）大きな波に乗れるというモデルだ。

インターネットは常に動いているし、既存の分野同士の間に新たな価値が生まれるので、実は合理的な選択でもある。

ビジョンを持って歩むキャリアのモデルを実践しようとする時の戦略は2つある。

1. ライフワーク的にテーマを実行しながら、時代が追いついてくるのを待つ
2. 今後の時代を見て、来そうなテーマを先に仕掛けておき、自らコミュニティ開発をしながら、流れを自らつくっていく

いずれにしても、LOVEがGOOD ATになり、NEEDSやPAID FORと出会うまでには時間がかかる。その期間をどう過ごせばいいのか。仮説のひとつが、自分の仕事を、お金を稼ぐ「できる」仕事と、将来独自の価値をつくっていく「好き」の仕事に分けるというポートフォリオの考え方だ。「好き」を仕事にすることは素晴らしいように見えるが、良いことかどうかは一概にはいえない。

戦略1：本当に好きなことは、趣味として残しておき、二番目に好きなことを仕事にする。なぜなら、仕事にすることで、純粋に好きを追求できなくなってしまう可能性があるから。好きの枠にお金稼ぎを求めずに、意義を求めることにすれば良い。

……………………

戦略2：本当に好きなことを仕事にする。好きこそものの上手なれ、が高じて将来の仕事となる。好きなことは続くし、探究心が生まれてくるから面白いものが生まれる。

……………………

キャリア論では、キャリア・トランジションという考え方がある。大きなキャリアチェンジはいきなり変化するのではなく、移行先の新しいキャリアを少しずつ生活の一部に取り入れていき、その割合を広げていくことでスムーズにいくといわれている。

働き方改革が叫ばれる中、会社の仕事以外の残りの時間で「好き」を追求していくことがやりやすくなっている。「好き」の仕事は、副業、会社の机の下プロジェクト、プロボノ、仕事の中でのR&D的なプロジェクト……位置付けはなんでもかまわない。図のような形で、仕事の生産性を上げ、同時に好きなものを持つスペース（余白）を併存させる。あるタイミングから、スイッチを入れて、好きなキャリアの割合を増やしていく。

では、キャリアのなかで、「好き」「役に立つ」をどのように時間配分し、ポートフォリオを組んでいけばいいのか。その移行戦略の図を具体的に見てみよう。

Phase I：ビジョンの探索期

ビジョンの探索期は、忙しい生活の中で無理して追加で20％のスペースを確保してみる。その期間に妄想を形にしたり、いろいろな場に行ったり、やってみたりして、自分の好きを確認する（本章の2で紹介してきたニュートラルゾーンの動きと近しいだろう）。妄想を形にするための動きには、仕事以外の時間が必要になってくる。そのため、普段の仕事時間を圧縮することが必要だ。

このフェーズでは、放っておくとあふれがちな普段の仕事に「これ以上はやらない」と制約をかけることで、「逆算してアウトプットを出すためにはどうしよう」と創造的なモードになれる。プロトタイピングを活用することで、アウトプットを具体化しながら進めることもおすすめだ。

Phase II：仕込み期

好きが見つかってきたら、次のフェーズでは無理やり頑張るのではなく、それを日常化するための環境づくりに取り掛かる。そもそも、120％の頑張りは、半年以上は持たない。半年の投資期間を終えたら、余暇も含めて、100％の時間の中でできる方法を考える。時には、本業の時間を圧縮したり、ビジョンに合わない仕事を勇気を持って断ることも重要だ。

その過程で生まれた20％の余白の時間で、仲間を見つけて創造や展示（アウトプット）のスペースをつくり出すことが有効となる。勉強会やサークル、副業を活用しつつ、自分の好きや取り組んでいることをできるだけ外に出す。そして、外からのフィードバックをもらうことをめざしていきたい。フィードバックをもらう中で、次第に自分の好きが誰の役に立つかということが見え

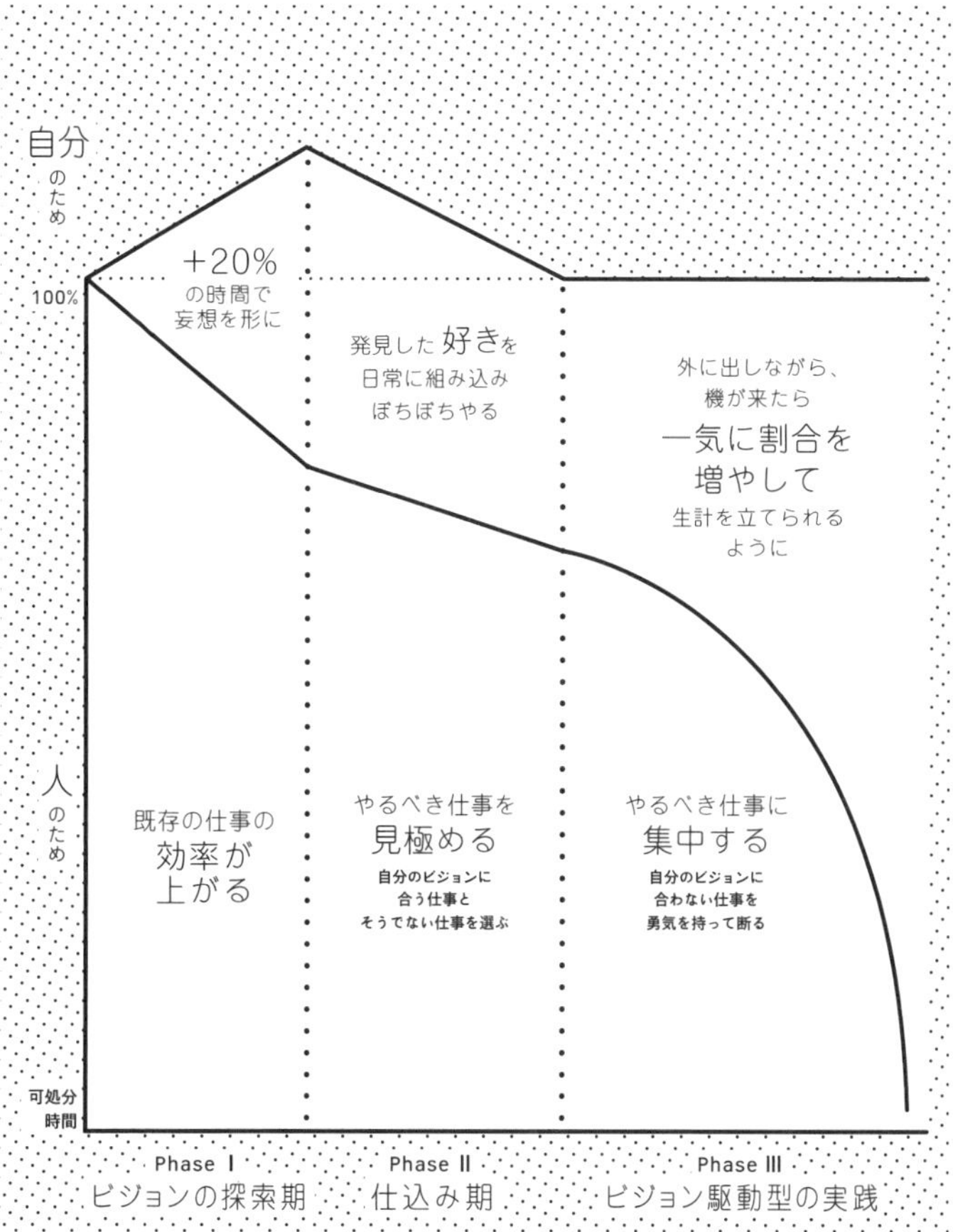
自分
のため
100%
+20%
の時間で
妄想を形に
発見した好きを
日常に組み込み
ぼちぼちやる
外に出しながら、
機が来たら
一気に割合を
増やして
生計を立てられる
ように
人
のため
既存の仕事の
効率が
上がる
やるべき仕事を
見極める
自分のビジョンに
合う仕事と
そうでない仕事を選ぶ
やるべき仕事に
集中する
自分のビジョンに
合わない仕事を
勇気を持って断る
可処分
時間
Phase Ⅰ
ビジョンの探索期
Phase Ⅱ
仕込み期
Phase Ⅲ
ビジョン駆動型の実践

好きと役に立つ　時間のポートフォリオ移行戦略

てくるだろう。

Phase III：北極星をイメージし前へ進む

自分の北極星がボヤッと見えてきて、ゆっくり着実に歩いていくと、そのうちに時代の流れと合致してきたり、活動に関心を持ってくれる人たちと出会うことができるかもしれない。そこがチャンスだ。勉強会やSNSの発信、セミクローズドのオンライングループをつくって、定期的にフィードバックをもらうようにしよう。それを続けていれば、あなたのやっていることを商品や本・クラウドファンディングの提案などで世に出したい、という支援者が現れる。

世に出す流れになった時に、勇気を持ってそれまでの本業を辞め、一気に新たなキャリアに移行するのがいいだろう。つまり、ここでは辞めるための「覚悟」がポイントとなる。覚悟を決めてユニークな道を歩み始める人には、その初期に助けてくれる人が必ず現れるものだ。少数でもいい。認めてくれる人がいればその声を信頼して、発信しよう。

…

トランジションのプロセスは、昆虫でいえば、幼虫が蛹になっているようなプロセスだ。静かに、しかし、内面では大きな変化が起きている。その時期は、人によってどのくらい続くかも違うが、いつかは確実に終わるということだ。

コロナ禍は外部からの変化をもたらした。それによって本来だったらもう少し先に訪れたはずの内的変容、トランジションを強制的に生み出す作用があったのではないかと思う。

すでに変容が起こった人も、まだ渦中の人も、もしかしたら近い将来にトランジションが訪れる人も、そのプロセスをやり過ごしていく上で、トランジション理論は非常に参考になるだろう。

第3章 新世界

24時間のポートフォリオを書き換える

『人の目なんか気にしないで、
思うとおりに暮らしていればいいのさ』
スナフキン

「決意を新たにする」はもっとも無意味な宣言

パンデミックがもたらした内省を経て、多くの人がそれぞれの最適解を探すようになった。他人の価値観や、他人との比較によって人生を決める「Outside-in 型」の生き方から、内発的な価値観を最優先する「Inside-out 型」への転換が起きた。その結果、人生を、生産性に支配された「他人時間」を生きる人生から、「じぶん時間」を生きる人生へとトランジションしようと覚悟を決めた人が生まれ始めたように思う。

近年、僕のまわりでも、クリエイティブワーカーを中心に、地方に移住したり、二拠点居住を始めたりする人たちが増えている。気づくと、首都圏に住んでいた友だちがみんな全国に散らばってしまった。

かくいう僕も内省期を経て、ライフスタイルを大きく変える決断をした。生まれてから40年近く住んでいた東京を離れ、長野県の軽井沢に家族で移住したのだ。

大前研一さんの言葉に、このような言葉がある。

「人間が変わる方法は三つしかない。ひとつは時間配分を変える、二番目は住む場所を変える、三番目は付き合う人を変える、この三つの要素でしか人間は変わらない。もっとも無意味なのは、『決意を新たにする』ことだ。かつて決意して何か変わっただろうか。行動を具体的に変えない限り、決意だけでは何も変わらない」

パンデミックがあり、これまでのように東京で生活を続けることはできないのではないかと直感した。そして、「じぶん時間」を生きることを模索していた時期に、何かの導きのように軽井沢では数少ない新築賃貸の物件との運命の出会いを果たした。結果的に、家族全員で浅間山の麓で暮らす生活を始めることになった。

本章では、東京の時間軸から逃れ、自然のそばでの新しい暮らし方で何が変わったのか、得た気づきをシェアしていきたい。個人のエピソードをベースに展開していくが、そのことには理由がある。コロナ禍以降の3年間で、価値観はこれまで以上に多様化した。一方でその期間、みんなの生活は見えなくなった。だが、それぞれの人の生き方には何かしらの影響を及ぼし合っているはずだ。その実態は、統計などの総体ではなく、いったん「個」の暮らしにスポットを当てないとつかめないのではないか。僕はそう考え、東京から拠点を移した人たちにインタビューを行っていった（その音声は、「トランジションラジオ」というポッドキャストに収められている）。

本章で取り扱う内容は僕個人の感覚に即している。だが、インタビューでの対話の影響も色濃くにじんでいることだろう。

扱うテーマは仕事だけに限らない。〈仕事・住まい・食・コミュニティ・教育〉と広範に及ぶ。かつて東京で働いていたビジネスパーソンが、地方に移住してどんな変化に見舞われたか。「じぶん時間」という、未来のライフスタイルを考える上で参考にしてもらえるとうれしい。

〈ポスト・トランジション：①仕事〉

働き方のポートフォリオを書き換える

「トランジション」を通して、明らかに変わったのは、働き方だろう。フルリモートとなり、出社がなくなったことで、働き方は劇的に自由化しつつある。国土交通省の統計データによると、一時的にでもリモートワークを経験した人口は全就業者の4割にのぼり、令和2年の調査では22％の人がテレワークを実践し続けている。[*2] ただでさえ人口減少で働き手不足の中で、働きたい場所・時間に働く自由を多くの人が体験してしまった。コロナ禍があけて、一部の銀行や商社を中心にオフィス回帰の業態はあるものの、多くの職場ではコロナ前の週5オフィス出勤に戻ることはないのではないか。一度働き方について考え直した我々は、最終的には最適な働き方を見つけ、それに合わせて職場を選ぶようになっていくだろう。

出勤の頻度が減り、リモートワークが可能となった影響は、働き方の変化に止まらない。働く場所が自由になるということは、住む場所が自由になるということだ。結果として、より自然豊かな環境を求めて地方移住する人が増えた。今までの住まい選びは、オフィスの近くという立地の制約が大きかったが、住環境を優先した住まいが可能になってきている。

これらの最も大きい影響とは、在宅勤務の実現で、時間の使い方の自由度が上がったことだ。アウトプットだけが問われる職種であれば、極端な話、仕事を夜に回して、平日の昼間はゴルフをしたり、仕事の合間にいくつかの副業を掛け持ちするライフスタイルもよく聞くようになった。テレワークによって労働時間が減ったという人はテレワーカー全体の35%に上ると見られ、打ち合わせが効率化されたことで、平均して1日80分の労働時間が減ったといわれる。通勤時間の削減を含めれば、さらに新しい「じぶん時間」が生まれているといえるだろう。勤め先とその仕事に完全に支配されていた「仕事の時間」が、「じぶん時間」へと知らぬ間にシフトしてきているのだ。

一方で、仕事における「じぶん時間」を手にしつつある僕らは、その自由の難しさも感じ始めている。

僕たちの働き方はどう変わっていくか？　具体的に見ていこう。

リモートワークはなぜ心を病むか

リモートベースの働き方になって、じぶん時間が生まれつつあると書いたが、逆にリモートワークでメンタルをやられてしまっている人もいる。働く場所の選択肢が増えた働き手に何が起きているのか。僕自身の例を振り返ってみる。

コロナ禍後、当然の如く、働き方をリモートベースに移行した。リアル出社が戻ってきた時代の流れもあるが、軽井沢に移住したのですべてリアルに戻すつもりはない。

今の僕の仕事は、大きく3つにわけられる。戦略デザインファームBIOTOPEの経営、デザインコンサルティングのプロジェクト、本の執筆活動が主な仕事だ。会社と執筆の割合は7：3くらいだろうか。

デザインファームの仕事というと、ポスト・イットをペタペタ貼ったり、手を動かしてプロトタイプをつくるワークショップなどのリアルな場のイメージが大きいと思うが、コロナ禍をきっかけにほとんどの仕事がオンラインに移行した。3ヶ月のプロジェクトであれば重要なワークショップはリアルで行うが、オンラインホワイトボードのMiroを活用しながらワークショップをする機会は増えたし、新しい案件の相談はZoomやTeamsのオンラインツールを使うことがほとんどだ。

先日、デザインコンサルティング会社、IDEO Tokyoに行ったら、全員出社の日は週1日で、週4は在宅勤務らしく、デザインファームの文化の象徴であったスタジオも稼働率が減っているという。みんなが一か所に集ってアイデアを考えていく、というのはすでに過去の姿になりつつあるのかもしれない。

BIOTOPEのオフィスは東京の池尻大橋にある。コロナ禍以降、基本的に出社は完全自由という期間が長く（23年4月現在、週2日出社を目安に、実際はもっと少ない）、オンラインでも業務は進められるという判断の元、僕自身も軽井沢に拠点を移すという意思決定ができたのだ。

結果、何が起こったか？

当初は、「場所を問わない働き方」ができるようになったことをポジティブにとらえ、オンライン化をさらに促進しようとした。

だが、オンラインの効率的な働き方は個人的に壁にぶつかってしまった。

Zoomでミーティングを次々とこなす生活を半年も続けると、体がもたなくなってきた。経営とプロジェクトを両立していると、頻繁に人とコミュニケーションを取る必要性がある。オフィスでは雑談で済んでいたことを、オンラインでも同様のペースを維持しようとすると、オンラインミーティングを1日に5個も6個も入れることになる。

1年も続けた頃だろうか。ある日、目に急激な疲労を感じ、画面を見られなくなってしまった。スマホからZoomに入り、散歩をしながら「耳だけ参加」することで一時的に対処したものの限界を感じ、それ以来、僕はオンラインミーティングの頻度を減らし、東京にいく回数を増やした。

さらに深刻なことには、オンラインベースの仕事が増えて、時間が効率的に使えるようになったはずだったが、以前より仕事の時間にワクワクしなくなったのも正直なところだ。オンラインでのコミュニケーションは、はっきりいって味気ない。パソコンの前で話をして1日が終わったとき、「果たして今日は何のために生きていたのだろうか？」と思ってしまうことさえあった。背景には、オンラインでは五感を使う感覚が乏しいことがあるのだと考えている。視覚と聴覚は使っているけれど、それ以外の感覚はほぼ使うことがない。

それに比べて、リアルで人と会っているときに相手から得ている情報はとても多い。五感すべてを駆使して、相手のこと、その場の雰囲気を感じ取っている。相手とシンクロナイゼーション（同期）しているという身体的感覚も、お互いに五感を使ってさまざまな情報を得ているから起きることだ。京都大学総長を務めた人類学者・山極壽一《やまぎわじゅいち》先生によると、このように身体の同期から得られる情報は、相手が信用できるかを決める重要な基準になるという。その意味では、視覚、聴覚だけに頼るテレワークの働き方では、相手のことを信頼してよいのか判断ができない。つまり、不安な状態のままずっと仕事をしていることになる。

しかも嗅覚、味覚、触覚といった身体感覚を通じて、人は日々起こったことを記憶と結びつけている。誰かと一緒に食事をとることは、料理の味覚やその場の雰囲気を感じる触覚とともに強く記憶に刻まれる。オンライン上で長時間打ち合わせをしても、「どんな話をしたんだっけ?」「どんな人だったっけ?」と記憶があいまいになるのはそのためだ。

僕は、仕事でリアルなワークショップをしながら、参加者のアイデアが絡み合っていき、ひとつの物語となっていくグルーヴ感を肌で感じることを大切にしていたのだと再確認した。テレワークを活用すれば、生産性は大幅に上がる。しかし、仕事とはそれだけではない。生産的である以上に、「楽しく仕事をしたい」という根本的な欲求が人にはあるはずだ。

あえて「ハレの場」をつくる

「味わい」のない仕事は、つまらない。

そう気づいてからは、リモートで済んでしまうケースでも、大事だなと思う場面では「リアルで会いたい」とお願いし、わざわざ出張をするようになった。

またリアルでどの程度会うかという問題は、会社のメンバーとの関係性においても課題になる。テレワークを中心にしているチームでは、一緒に過ごす時間をつくらないと、お互いの考えていることがわからず、コミュニケーションに支障をきたすことがある。自立しているメンバー同士であればオンラインでも問題はないが、仕事のスキルが不足し、手取り足取り教えなければいけないメンバーは、一度自信をなくしてしまうとそこから一人で悩んでしまい、悪循環に陥ってしまうケースも多い。

だから、定期的に顔を合わせる体験をつくることは、リモートベースの職場であっても重要だと考えるようになった。

テレワークをベースにしている組織は、どこもリアルとオンラインのバランスを模索しているのではないか。

そこで取り入れたいのが、あえて「ハレの場」を設けることだ。

チームメンバーに軽井沢まで来てもらって、1泊から2泊で合宿を行ったり、あえて出張先でメンバーと落ち合って一緒に飲みに行ったりする。こうしてメンバーと面と向かってコミュニケーションをとると、不思議と落ち着く感覚になる。ハレの場で濃いコミュニケーションをとって信頼関係を築き、またテレワークに各々が戻っていく。

オフィスをなくした会社の友人に聞いてみると、定期的に飲み会を開催することでリアルに会う機会を「祭り」的につくることが大事になったという声が多い。

僕個人の感覚では、週の半分はリアルの場で誰かと会って刺激を受けて、残りの半分は内面と向き合う時間として使う。「場所を問わない働き方」が当たり前になった今だからこそ、自分にとっての最適なバランスを考えることが不可欠といえるだろう。

軽井沢に移住して2年、僕の働き方はこうだ。週の2日程度、東京のオフィスや、出張先に向かい、ワークショップや経営メンバーと顔を合わせた会議、そして夜の会食で普段会わない人と会う。残りの週5日は軽井沢で過ごすというペース。軽井沢にいる時はオンラインミーティングと執筆を半々くらいで過ごすという形で落ち着いている。以前と比べると仕事時間は2割程度減ったが、そのくらいがバランスが良い。

仮説として、外交的な仕事をしていた人からすると人と会う頻度が減り、仕事がつまらなくなったと感じる人が多いが、コードを書いたり、デザインの手を動かしたり、執筆をするような内向的な仕事をしている人は「働きやすくなった」という感想をもつ人が多い。雑談が減るデメリットもあるが、Discord や Gather などの社内オンライン対話ツールもある。実際に、そういうツールを導入してみると、リアルでは寡黙な人が案外多弁になっていたりして面白いものだ。

Q：あなたはコロナ禍前と比べて、どのように仕事の仕方が変わりましたか？より良く仕事を進めるために重要な習慣は何でしょうか？

景観の良い場なら仕事は捗るのか？

リモートワークが苦手だというハードルはあるが、軽井沢に移住して、自分の仕事場の景色は明らかに良くなった。自宅のスタジオ兼書斎からは、森が見え、鳥の餌台を置いていることもあって、シジュウカラやホオジロなどの鳥がひまわりの種をつつきにくる様子を見ることができる。近所にあるカフェも景観は抜群だし、街の中には蔦屋書店系列の軽井沢書店もある。パソコンをずっと見ている仕事をしていても、自然を見ることで目の疲れは軽減できていたり、天気の良い日は気分があがったりする。控えめにいって、最高の環境といえる。

多くの人が憧れるであろう最高の景観の仕事場は、果たして仕事が捗《はかど》るのだろうか？　景観が良い環境というのは、じっくり構想をしたり、集中して作業するのには良い（目が疲れにくい）。僕の場合は、プロジェクトについて考えたり、オンライン会議に参加する場面では、自宅の書斎から出ることが多い。オンラインミーティングで話を聞きながらも、外の景色を見ながらぼーっと考え事をしている時間は幸せだ（オンライン会議がなくてぼーっとできればもっと幸せなのだが）。実際、メルボルン大学のKate Lee博士の研究によると、仕事の合間に自然の写真を1分未満見ると、作業効率が高まり、ミスが減るという。

でも実際に、仕事の進捗を左右するのは、景観の良さではなく、仕事のスイッチを切り替えられる環境の方にあるようだ。

具体的には、僕は1日を3ブロックくらいに分けて、それぞれで違ったモードで仕事をする。誰かと話したりメールやSlackのメッセージを返す「対面モード」。調べ物をしたり、資料づくりをする「作業モード」。そして、文章を書く「執筆モード」。1日がひとつの仕事に終始することはほぼないため、3つのモードをいかに切り替えるかというのが重要になる。そこでやっているのは、自宅書斎、コワーキングスペース、カフェという3つの場を使い分けるということだ。

たとえば、午前中にオンラインミーティングを自宅でこなしたら、午後はカフェに行って執筆をする。もしくは、午前中に学校へ子どもを送った後、コワーキングスペースでメールの返信をしたら、午後は自宅で作業をする。

仕事の性質上、複数のプロジェクトを同時進行させていることもあり、複数の仕事場を切り替えられる環境があるかどうかが自分にとって仕事が捗るかどうかに大きく影響することがわかった。

場所を変えることで、複数の仕事の切り替えをしていくという意味では、都会でカフェを巡るノマドワークというのは合理的だったのだなと気づく。地方に移住すると、仮に自宅にスペースのある書斎をつくれたとしても、オルタナティブな働くスペースや仕事に適したカフェがあるかどうかというのは、その街でのアウトプットの質に影響するのではないか。

仕事相手が「ワーケーション」と称して、景観の良い場所からオンライン会議に入っているのを見ると「羨ましい！」という気持ちになることもあるが、それはあくまで非日常でしか考えられない「未来の構想」を考えるのに適した環境で、それ以上のものではない。どんなに景色の良い場でも、日常になれば、人間はそれに慣れる。慣れの中で、上手に切り替えるスイッチをいかに見つけるか。

住み心地の良い街かどうかと同時に、スイッチの切り替えができる場所が複数あるかが、ナレッジワーカーにとって街を選ぶポイントになるのではないだろうか。

「売り込み」ではなく「発信」で仕事をつくる

コロナ後に、大きく変わったことがある。それは、多くの仕事のＤＸ化が進んだことで、仕事の案件の生まれ方が変わってきたことだ。以前は、本を出版したら、その後に講演や新規案件の相談が継続的に来ていた。しかしコロナ禍を経て、発信した情報が「古くなる」スピードが速くなった感覚がある。本にまとめるのではなく、この瞬間に自分たちがやりたいことを発信することで、共感する人とその場でマッチングし、仕事が生まれていく。自分主体の仕事をつくっていくために、考えややりたいことを発信することがより重要になってきているのではないか。

もちろん、これまでも外に発信することは仕事をつくるうえでは大切なことだった。では、なぜ発信が次の展開につながることが増えたのか。

米国の社会学者、マーク・グラノベッター氏は、人づきあいには大きく分けると「強いきずな（Strong Tie）」と「弱いきずな（Weak Tie）」の2つがあると提唱した。強いきずなとは、家族や職場の人のように毎日顔を合わせるような人間関係。一方、弱いきずなとは、その外側の疎遠な人間関係のことで、ときどきしか会わない人たちだ。

社会学的な視点からいえば、新たな発想を生むためには弱いきずなが重要だといわれている。偶然、斬新なアイデアを得たり、新しいチャンスを見つけたりすることがよくあるが、こうしたいわゆるセレンディピティ（偶然の産物）は、弱いきずなの人との出会いがもたらす可能性が高い。

これまで、「弱いきずな」をつくる役割を果たしてきたのがSNSだった。

2008年から10年くらいまでのTwitter、2012年から15年くらいまでのフェイスブックは、新しい世界を広げてくれるメディアとして存在感を示していた。

ところが、コロナ禍以降の2年間、弱いきずなは、密を避けるという行動パターンとともに消滅した。人との交流が制限されてしまい、ゆるい人間関係がつながる機会は急減する。コロナ禍の初期にオンライン同窓会を開催して古い人とのつながりが復活したという人もいたかもしれないが、一時的な流行で、すぐに飽きられてしまった。

気がつくと、僕のコミュニケーションの9割以上を家族と職場の人が占めるようになった。自宅、時々職場のような生活ではセレンディピティが起こる可能性は極端に低くなる。そして「知り合い」という弱いきずなが消失した。これがコロナ禍で起きたことである。

同時に、SNSはかつてのような弱いきずなをつくる力を失いつつある。Twitterなどは一方的な発信メディアとなり、それがきっかけで新しい何かが生まれる機会は激減してしまったように見える。

「やりたいことを発信したら必要なものが入ってくる」というモデルはインターネット空間には前からあった。ただ、以前はリアルの空間とインターネット空間は別々に存在していたから、「インターネット空間ではそういうモデルはよく起こるけれど、リアル空間ではなかなか実現しない」という印象が強かった。

しかし、今はリアルの世界においてもSNSが「社会の窓」になっているから、インターネット空間で起こっていることがリアルの空間でそのまま起こるようになっている。

たとえば、ビジョンやミッションの策定を課題としている経営者が増えているように感じていた僕は、実験的にフェイスブックで「経営者向けに壁打ち（話を誰かに聞いてもらって考えを整理すること）をやります」と投稿したところ、30件以上のオファーが届くなど、想像以上の反響があった。アクティブに発信していくことで世の中のニーズを引っ張り出し、価値も生み出せるのだ。

では、どのようなスタイルで発信すると良いか。それは、ビジョン、つまり「これをやりたい」を起点に継続的な発信を続けることだ。

『WHYから始めよ！』の著者として知られるサイモン・シネックは、人を動かすような偉大な人物は、「ゴールデンサークル」というシンプルなパターンに基づいて行動しているという。

ゴールデンサークルは、Why（なぜそれをするのか）、How（どうやってそれをするのか）、What（何をするのか）によって構成されており、なかでも中央に位置するWhy、「何のためにやるのか」「何を信じているのか」「その組織の存在する理由は何か」といった感情に訴えかける情報に人は心を動かされる。

WhatやHowは、今の時代、心に響かなくなっているように感じる。だからこそ「本当にやりたいこと」について、理由やビジョンも含めてエモーショナルに語る必要があるのだ。

BtoBの仕事についても「そういえば、○○さんがあれをやりたいといっていたな」と思い出し、スタートするケースは増えている。日立製作所のデザイングループなどはやりたいことをオンラインで発信するようになっている。

やりたいことを発信するときの起点となるのはSNSだ。リモートワークが当たり前の時代では、経営者も企業に属する社員も、どんな立場の人も、新しい仕事をものにしたいなら、ネット経由で自ら発信しなければならない。企業のDXが進めば進むほど、ネットワーク化が強固になっていくので、過去のモデルに戻ることはないだろう。

だからこそ「やってみたい！」があれば、待つのではなく、自分からアプローチすることだ。ここで大切なことは、継続性だ。思いつきで発信すること自体が悪いわけではないが、相手に理解してもらうには、オーセンティシティ（Authenticity＝本物）があることが求められる。自身が、等身大の言葉で、やりたいことを発信する。背伸びをしたり、本心とは違う発信をすれば逆効果にもなりうるだろう。「環境問題に取り組みたい」と発信しているのに実生活ではリサイクルもしていないようでは、言動不一致になり、信用されない。

企業においても、綺麗事のパーパスを並べても、実践できていなければ叩かれる時代だ。環境意識の高い消費者に誤解を与えるようなことを指す「グリーンウォッシュ」という言葉もあるくらいで、消費者の目は厳しい。

大風呂敷を広げるような大きな発信を行う必要はない。「ビジョンが小さすぎるのでは？」と思っている人もいるかもしれないが、むしろ偏愛ぶりが見える個性的なビジョンのほうが熱を帯び、多くの人が集まってくるものだ。

たとえば、軽井沢の近所に数年前にオープンしたeyecurry & nudgeというカレー店がある。コンセプトは、「カレー屋の顔をしたサードプレイス」。お客さんが寛げるような場所にしたいという思いから、「日本一回転率の低いカレー屋」をめざしているという。実際に、うちの家族は、そのお店が大好きでついつい予約を入れては長居をしてしまう。お店のコンセプトである回転率の低さに貢献をしてしまっているわけだ。そんなお店のコンセプトに共鳴してかはわからないが、地元でも人気を集めている。我が家も友だちの家に夕食を食べにいく感覚でよくお邪魔している。

「日本一おいしい」といった大きなビジョンを掲げなくてもいい。

身の丈に合った嘘のない「らしい」スタイルでいることで、むしろ自然と人が集ってくるのだと彼らを見ていて思う。

「情報のキャッチアップ」は必要ない

都市圏から地方への移住を考えている人が、多少なりとも心配するのは「トレンドから取り残される」ということだろう。僕自身、軽井沢に移住を決める際、そうした不安が脳裏をよぎらなかった、といえば嘘になる。

東京に比べれば、軽井沢での景色は、とてもシンプルだ。

人工物も少ないし、広告が圧倒的に少ない。飛び込んでくる情報自体も圧倒的に少ない。トレンドから取り残される、あるいは都会で研ぎ澄ましたセンスが鈍っていくのでは？　という不安に襲われるのも無理はない。特に日本人は海外の人と比べると周囲の空気に敏感で、流れにキャッチアップできていることで安心するという気質をもっているといわれている。

だが、地方に拠点を移してから気づかされたのは「トレンドから取り残されるというけれど、東京で生活していたとき、本当にトレンドをキャッチアップしていたんだっけ？」という問いだ。

実は、コロナ禍を経て、トレンドそのものが都会からなくなりつつある状況になっている。かつて「街」がトレンドを発信するメディアになっていた時代が長く続いていた。表参道のようなファッショナブルな街を歩いているだけで、最先端のトレンドやデザインに触れている感覚はたしかにあった。

ただ、リモート環境が当たり前になるに従い、街のメディアとしての役割は減っていった。情報がスマホのSNSに移り、人によって嗜好性が違うタイムラインがメインになることで、「これをやっていれば間違いない」といった日本人共通のメガトレンドは、どんどん少なくなった。今、街を歩いて時代のトレンドを感じ取るのは以前と比べてむずかしくなっている。軽井沢の隣に御代田という町がある。この町に表参道や六本木を拠点にしていたデザイナーやクリエイターが続々と移住している。東京のど真ん中で、情報発信する立場だった人たちが、東京を離れて、地方に発信の拠点を移しているのだ。ひと昔前と比べて、地方と都市との情報格差は減りつつあるのではないかと思う。

むしろ注意しないといけないのは、「情報のバイアス」だ。

都市を離れ、スマホがメインの情報源になると、自分の好きな情報しか入ってこなくなる。最近のSNSでは、嗜好性や過去の閲覧履歴を元にしたアルゴリズムによるおすすめが表示される確率が増えている。自らがつくりあげたバイアスを、アルゴリズムによって強化される形で見てしまっているのは確実だ。だから、バイアスを自ら補正するために、インプットを工夫する必要がある。僕が気をつけているのは3つだ。

ひとつ目は、あえて「新聞を読む」こと。僕は、日経新聞と、信濃毎日新聞（地方紙）の2紙を購読している。ネットでバズっているように見える情報でも、日経新聞では紙面のほんの一部であることが多い。記事全体を眺めることで、ネットで見ている情報以外にどんなことが起こっているのかを把握することができる。また、日経はどうしても首都圏の情報に偏りがちなので、地方紙を一紙読んでおくと、東京中心のバイアスから抜けて、地域で起きているリアルな変化を感じることができる。新聞を読む時間を確保することは簡単ではないが、読み込むのではなく、ただ眺めるだけでも良いのではないかと思う。

2つ目は、自分の仕事とは違うコミュニティの人と定期的に会って話をすることだ。今の時代、放っておいたら人との出会いや雑談の機会は訪れない。自ら、雑談の機会をつくりださないと、新しい視点も得られないのだ。古い友だちに久しぶりに連絡してみたり、オンラインでつながった人に積極的にご飯を食べるお誘いをかけることで、自分の見えている世界の範囲を少しでも広げようと意識している。

最後の工夫は、「移動」を生活の中に取り入れることだ。僕は地方に拠点を置きながらも1週間のうち2日は都市に移動し、まったく異なるリズムのインプットを受けようとしている。東京との往復だけでなく、積極的に出張を入れて遠くの場所に足を運ぶことも増やしている。ビジョンアドバイザーとしてかかわることになった長野県白馬村や、市役所の仕事を手伝っている京都市に時間をかけて移動することもしばしばだ。


移動の時間が無駄ではないか、と思われる人もいるかもしれない。だが、僕にとって「移動時間」とはアウトプットのエネルギーを充填する時間になっている。移り変わる車窓の景色を見ていると、狩猟本能が掻き立てられるのかもしれない。「移動」という行為そのものがブースターとなり、仕事をとりに行くエネルギーに変えている感覚がある。

テレワークで済む打ち合わせであっても、あえて「移動」してリアルで言葉を交わす。オンラインの場合でも、普段は会わないような人とあえてコンタクトをとる。トレンドのキャッチアップを過度に意識するのではなく、身体を場に投げ入れる。

五感で感じることがインスピレーションとなり、移動時間に執筆のアイデアや構想が浮かぶ。今後、地方の生活やテレワークが広がるにつれて、移動の時間は重要な価値を持ってくるだろう。

僕のようにクリエイティブの業界にいると、展覧会に行くことで最新のインスピレーションを得るのだが、正直、その頻度は東京に住んでいた時に比べると極端に減った。ただし、そのトレンドとは、あくまで東京のトレンド。地方で起こっていることとはまったく違うものであったことにも移住してから気づいた。

余暇が与えてくれるとんでもないギフト

仕事の変化の裏側に起きている大きな変化がある。それは、「ワーク&ライフバランス」という言葉でいうと「ライフ」の変化だ。軽井沢に移住して「レジャー」という概念が変わってしまった。どういうことか。

都市に住んでいて、週末は地方に遊びに行くことを楽しみにしている人は多いと思う。僕も、東京生活をしている時は、数ヶ月に一度、地方の温泉に旅行に行くのが大好きだった。車で東京を離れると、次第に緑が見えてきて、心が安らぐ（セロトニンが出てくる）のがわかる。高い建物がないため空が広く、心にも余白ができる。温泉という非日常の体験に身を浸し、心身ともにリフレッシュする。1泊、2泊して、帰るタイミングになると、非日常への名残惜しさを感じつつ、都会に向かって帰途に就く。移動で疲れてはいるが、また明日からの仕事に向けて、心の栄養をチャージして次の1週間に入っていく……。

これはある種、平日はオン、休日はオフという境界線がはっきりした生活だった。

実は、都会で働く人にとって「レジャー」とは、ただの休暇ではない。「仕事のための余暇」を意味する。

あくまでも仕事を頑張るために、レジャーに出かけて英気を養うという感覚なのだ。東京に住んでいたときに温泉に行っていたのは、突き詰めていうと仕事のパフォーマンスを上げることが目的だった。趣味も同じだ。筋トレやランニングを趣味としている人も、どこか仕事のパフォーマンスを上げるためにやっている節がある。

軽井沢に移住して、この感覚は大きく変わった。

朝は毎日ツピッ、チッチッチなどのシジュウカラやヒヨドリ、キビタキといった野鳥の囀りとともに目を覚ます。朝、仕事を始めようと、近所にあるコワーキングスペースに移動する間も、青々した浅間山の山麓が見える。仕事が早めに終わると、町民なら割引で利用できる星野温泉「トンボの湯」という露天温泉に入れる。

軽井沢に住んでいると、温泉旅行やキャンプに行きたい、という渇望は以前ほどはなくなった。むしろ、非日常を求めにいく先は、東京や京都などの「都市」だ。今まではあまり好きとは思えなかったビル群も、上京するとテンションが上がるようになる。むしろアドレナリンが刺激される都会の時間を求めるようになる。

このように移住してからは、それまで中心を占めていた仕事の存在が、新しい生活では「ワン・オブ・ゼム」になったのだ。仕事のパフォーマンスを上げるための手段に過ぎなかった、趣味や旅行・余暇が、「そのほかの活動」ではなく、仕事と同じかそれ以上に位置付けられる。生活のポートフォリオが変わった感覚があるのだ。こうした変化は、都会から地方に拠点を移した人に聞いてみると、その多くが口を揃えていうことだ。

トランジション後の「じぶん時間」を生きる暮らしでは、仕事のパフォーマンスを上げるための「休暇」という「仕事一本足打法」の発想ではなく、「休暇」を仕事、趣味、家族、旅などすべてが人生の時間を形成する要素としてフラットに考えるようになる。いわゆるホールネス（全体性）という概念だ。

「休暇」の特徴とは、業務から距離をとることで、結果的にいいアイデアが浮かんだり、集中力がアップしたりすることだ。カンザス大学の心理学教授、Ruth Ann Atchleyらの研究によると、スマホやタブレットなどインターネット接続のできる機器から離れ、自然にどっぷりとつかる生活をすると、3日目から創造力がアップするという効果がみられたという。ここで重要なのは、「休む」ことに意識を集中することではないか。

大学の先生がサバティカルを取るのも理に適なっている。10年に1回くらいのペースで1年間、研究から完全に離れてみる。常に同じ環境で動き続けている頭を、いったんそこから思い切り引き離すことから、新しい何かが生まれる可能性がある。

起業家の例でいえば、メルカリ創業者の山田進太郎さんは、長い間経営していた会社を譲渡し、世界一周旅行に出かけ、帰国後にメルカリのサービスを立ち上げた。

日本におけるティール組織の第一人者である嘉村賢州さんも、ティール組織という考え方に出会ったのは会社を辞めて1年近く仕事を休んでいた時期だ。これらは典型的なサバティカルの成功例といえる。

女性は結婚や出産、育児といった大きなライフイベントを迎えることがあるので、がらりと環境が変わり、強制的に今までの仕事から離れる期間をつくることになるケースが多い。育休を終えて、職場に復帰する人もいれば、起業をしたり、新しいことを始める人も少なくない。これは、ライフイベントに合わせて、産休・育休の時間をとることで強制的にトランジションが起きるきっかけとなっているといえる。

男性の場合、育休をとる人が増えてきたとはいえ、期間も短いのですぐに元の会社のシステムの中に組み込まれてしまう。だからこそ、意図的に「余白」を確保するという意識が必要になる。たとえば、1年に一度1ヶ月、10年に一度1年間といったサバティカルのような長期休暇を挟む。近年では社会人になってから大学院に入学するといった「リカレント教育」、つまり学び直しをする大切さも叫ばれている。

休暇の取り方はお金や生活にも直結する問題なので制限はあるが、本人の意思次第では、現状のワークスタイルを変えて、長い休暇を取ることもできるはずだ。これから「レジャー」だけでなく、ライフスタイルの拡張がおき、人生における仕事への依存度は減っていくだろう。そのときにあなたが、仕事にしか価値を置けないとすると悲惨な時間の過ごし方が待っているともいえる。

他人起点から自分起点へ

——移住で見えた働き方の未来

第1章で内省したコロナ禍中に考えた働き方の未来は、振り返ってみると以下の2つの点だった。

・リモートワークがベースになると、
自分の知的負荷を減らせる自然環境の良い
地方移住が選択肢になる

・特にナレッジワーカーの間では、
　労働時間は以前より減っていくのではないか

ひとつ目については、たしかに地方移住することで負荷は減り心身は健全に働けるようになった。同時に刺激も減ったため、東京に移動したり、意図的に刺激をつくっていく必要性が出てきた。

2つ目については、確実に以前よりは仕事時間が減った。ワーク&ライフバランスは劇的に改善した。

一方で、実際に移住生活をしてみて、より見えてきたこともある。今後、リモートワークが生活のインフラとして定着していくことは不可逆な流れだろう。そんな中で、「働く」ということの意味合いが変わっていく。お互いが打ち合わせ以外に何をしているかわからないリモート環境においては、やらされ仕事はいくらでもサボれてしまう。会議だって、下手したら聞いていなくたってわからない。こんな環境の中で、自分がワクワクしない仕事をしていても進まない。

大事なのは、誰かにいわれてやっている他人起点の仕事をできるだけ減らして、自分の「好き」や「やりたい」を起点に自分の仕事時間を設計していくことだ。

マネジメントの視点で見ると、今までは、先に仕事があってそれをメンバーに割り振るという考え方だった。だが、これからは、さらにメンバー一人ひとりに好きなことややりたいことを表明してもらい、プロジェクトをつくり、参画していくような働き方がメインになっていくだろう。

リモートワークをきっかけに副業を解禁した会社も増えているが、これからは複数の組織に所属することも当たり前になっていく。副業禁止というのは、時代遅れの考え方になっていくかもしれない。一番良いのは、週の半分は自分の強みで安定してお金を稼げる組織に所属しつつ、残りの時間で、じぶん時間で生きることに直結するマイプロジェクトや、社会貢献のプロジェクトに取り組むこと。二足、三足のわらじを履くような働き方だ。

最近では、DAOという自律分散型の組織の概念も提唱されているが、こういう匿名でもプロジェクトの意義に共感して参画できるような、株式会社ではない形の組織は今後も増えていくだろう。

このような世界では、「やりたいこと格差」が生まれる。やりたいことが明確にある人はどんどん自分で学び、アウトプットを発信する。アウトプットがさらに人を集める好循環につながる。一方でやりたいことがない人は、日々何も起こらない。
じぶん時間で生きるためには、仕事の時間が大切なのはいうまでもない。そのために働く場としての会社が、やりたいことを刺激してくれるような仲間がいて、一緒に探求できるプロジェクトの機会があり、さらには、「やりたい」のプロジェクト化を許されるような環境になっているかは重要な指針だ。会社の形は放っておいてもそういう姿に変わっていくだろう。個人としては、ワクワクややりたいをどのように仕事の中にデザインできるかという問いが、これからますます重要になる。

Q：

あなたは、どんな仕事をしているとワクワクしますか？
どのようにあなたの仕事を
ワクワクするものに変えていきたいですか？

〈ポスト・トランジション：② **住まい**〉

賃貸に住むか、持ち家に住むか？

在宅ワークが増えた僕らは、改めて自分が一番時間を過ごす場所＝住まいに、より意識を向けるようになった。「じぶん時間」で生きるためには、自分の暮らしの質に直結する「住まい」をデザインするのは避けられない発想だと気づき始めたのだ。

現実問題として、共働きの夫婦が二人でリモートワークをするスペースが都市圏のマンションにはない場合も多い。場所がないので、バスタブでオンラインミーティングに参加している人もいたくらい、いかにそれぞれのワークスペースを確保するかは大きな課題になった。また、子育て世代ならば、打ち合わせ中に子どもが入り込んでくる問題も出てくる。カジュアルな打ち合わせなら、和むこともあるけれど、打ち合わせに参加する側からすると、集中力を乱されるのはお世辞にも良い体験とはいえない。

このような環境から、僕らは自分の住まいを、より「じぶん時間」を過ごせる場所に変化させたくなっている。あたかも、長い冬を過ごす北欧の人が、一番長く自分の時間を過ごす家とそのインテリアに凝るように。

しかし、首都圏に住む人にとってそのための条件を満たすマンションは少ない。一方で、都心で持ち家を買おうとしたら1億円近くかかる。経済的に現実的な選択肢になりにくい。このトレードオフの中で、住宅ローンを払ってマンションを購入し、ファミリーが大きくなって手狭になってきたら首都圏近郊の一戸建てに移動するという流れがこれまでは一般的だった。

しかし、リモートワークによって働く場所が自由になったことで「第三の選択肢」が生まれた。自分の好きな地方に移住し、土地を買い、自ら好きな家を建てるという選択肢が現実的なものになってきたのだ。2021年3月には東京都特別区部が2014年以降初の転出増加に転じた。その先は、首都100キロ圏内と呼ばれる軽井沢や那須など、そして沖縄などのリゾート地への移住・転出者の増加だという。

ここで起きている現象を一言でいうならば「土地の利便性を手放し、じぶん時間の質を追求する」ということに尽きる。これは消費という側面だけではなく、理想のライフスタイルを追求するという内面的な動きでもあるととらえられる。

では、「住まい」と「ライフスタイル」にどのような変容が起きているか。具体的に見ていこう。

運命の土地と上手に出合うには

「自由に住む場所を選んでいいといわれたら、どこに住みたいですか?」

この問いにあなたはなんと答えるだろうか?

僕はここ1年の間、コロナをきっかけに移住した人にお願いをして直接話を聞く機会を多くつくっている。彼らの移住先といえば、鎌倉や茅ヶ崎、大磯、福岡、京都、高崎、甲府、つくば、軽井沢、佐久、札幌、鹿児島など……場所も動機も様々だ。なぜその土地を選んだのか？　と聞くと、以下のような答えが返ってくる。

・まずは、東京からのアクセス。新幹線か飛行機でせいぜい1時間強で移動できることが重要。

・次に、憧れ。その人が、海好きか、山好きかによって変わってくる。海の近く、もしくは山の中に住んでみたかった。「ワクワク」はやはり移住のドライブになるのだ。

・重要なのが、教育機関の存在。僕の実感だと、移住している層は、子どもが小学校3年生以下、もしくは逆に大学に入って手が離れたタイミングの人が多い。小さい子どもがいる家庭においては、子どもの保育園事情や学校はクリティカルだ。東京にはないオリジナルな校風の学校があるからという理由は移住を大きく後押しする。

・地縁の存在が重要な場合もある。夫婦どちらかの実家が近くにあるから、という理由で選ぶことも多い。

僕の場合は、コロナ前から、逗子に友人とシェアしながら部屋を借りていて、二拠点生活の実験を始めていた。当時は、本の執筆に時間を使いたく、執筆部屋として借りたのがきっかけだった。まずは、車で1時間程度の往復生活をする中で、東京以外の選択肢に慣れるところから始めた。

その後、軽井沢に移住する決め手となったのは、忘れもしない2020年4月の緊急事態宣言の時期だ。保育園、幼稚園が一斉に休みになり、毎日子どもが自宅にいながら仕事をする生活をしていた。この時期、公園でも自由に遊ぶことができなかった。育ち盛りの子どもを、部屋の中に押し込めて暮らす中で、この子たちが東京で暮らすのが、果たして本当に幸せなのだろうか？　という問いが生まれたのだ。

そのタイミングで、たまたま妻が、軽井沢にある「森のようちえんぴっぴ」という存在を知った。森の中がフィールドとなっている野外保育の幼稚園だ。森の中で子どもを育てることを想像し、東京の狭いマンションで子どもを遊ばせている今の生活と比較した時、そこに解放感を感じた。

時あたかも、僕はBIOTOPEで、軽井沢風越学園という新しくできた学校の支援をしていた。風越学園は、子ども一人ひとりの自律性を尊重し、探究的なプロジェクト学習を試行錯誤しながらつくっているタイミングだった。そこで、BIOTOPEでは学習ツールキットをデザインするお手伝いをしていた。社会科と理科の教科に特化して、学びの全体像を地図にし、一人ひとりの子どもが学んだことを振り返る「学びの地図」というツールだった。自分に縁がある学校があったことも、軽井沢という場所を選ぶきっかけのひとつになった。

その後、幼稚園の見学に行く過程で、夏から秋の軽井沢を家族で訪れた。自然の豊かさと、紅葉の美しさは本当に素晴らしかった。ここで暮らせば季節の移ろいを感じながら、家族と過ごすことができる。子どもが野山で駆け回って育つ。そんな生活を想像しながら、まずは1年、娘が小学校に上がる前まで軽井沢で過ごしてみようと移住が決まった。

住まいの決定権は「仕事」から「家族」へ

「軽井沢移住」というとどのようなイメージを持たれるだろうか。軽井沢は日本で最も有名な避暑地のひとつ。19世紀以降、西洋人をはじめ多くの人々が好んで滞在してきた歴史がある。夏でも冷涼で自然豊かな環境はもとより、各界の一流人が別荘を構える別荘地であり、洗練されたレストランやカフェ、リゾート施設なども多いことから、一種のブランドのある土地だ。実際にTwitterには「軽井沢移住」をキーワードに、スタイリッシュな生活を発信するアカウントが増え、まるで軽井沢に住むことがブランドになっているような印象さえある。

実は僕としては、多くの人が選ぶブランドはあまり選びたくないタイプだったりする。そういう意味では、軽井沢という場所はやや正統派すぎて、本当はもう少しマイナーなエリアの方がいいかなと思っていた。今ではすっかり軽井沢での生活を気に入っているが、移住前はブランドイメージが強すぎて、車のことを知らないのにポルシェを乗りまわすような気恥ずかしさがあったのも事実だ。

それにもかかわらず軽井沢を選んだのは、「軽井沢なら移住してみたい」という妻の意思があったからだった。僕のようなケースは例外ではない。軽井沢に移住してきた家族に、「家族の中で誰が移住に前のめりだった？」という質問をすると、「奥さん」という答えが圧倒的に多い。

この理由としては、移住して住まいを変えることは、仕事の環境変化よりも、家事・子育ての環境の変化の方が大きいことが挙げられる。子どものいる家庭は、教育環境が整っていなければそもそも移住なんてできない。これまでは勤務地（＝仕事）で住む場所を選ぶことがスタンダードだったが、その決定権が次第に住環境や教育（＝家庭）にシフトしている。

一方で、移住は家族全員にとって大きな環境変化となる。我が家の場合、大事にしたかったのは、子どもが「親の都合」ではなく、「自分が住みたいから移住した」と思ってくれることだった。そこで、軽井沢に何度か連れて行った後に、東京と軽井沢のどっちに住みたいか？　という意思を子どもに聞いた。すると、理由は明確には答えてくれなかったが、軽井沢に住みたい、といってくれたため、移住を決め、まず1年住んでみる賃貸物件を探すことになった。

「LDK」に生活を規定させない

地方移住をするときの壁は、賃貸物件の不足だ。地方移住をしたい人は潜在的にかなり存在する。しかし、首都圏に住んでいた家族が住める、ファミリー向けの賃貸物件の供給が地方には少ない。これは移住をする際のハードルになっている。人気の移住エリアでは、古い家屋を壊したり、耕作放棄地を住宅地に転用するなど、賃貸用の物件を用意する動きが進んでいる。軽井沢の場合は、今度も安定的な移住ニーズが見込まれることから、賃貸用の物件がつくられているタイミングだった。

だが、いざ軽井沢に住み始めると、今度は家を建てた友人たちの存在を知ることになる。僕たちの借りた賃貸も住みやすい物件だったが、こだわりの家を建てているお家に遊びに行くと、自分たちも家を建てたくなってくる。軽井沢は、土地の価格が高騰しているが、それでも、都心の高級マンションを買うよりも安価に一軒家に住むことができる。人生で一度は、家を建ててみたいという夢を持っていた妻が、近所を散歩しては「売地」の看板を見つけて電話で問い合わせることを繰り返したことで、穴場の土地を見つけることができた。移住して半年もしないうちに家づくりのプロジェクトが始まった。

住まいとは、自分が素の状態でいられる大切な空間だ。「じぶん時間」を生きようと決めた人にとって、住まいのデザインは自分らしい時間に直結する。にもかかわらず、住まいはこれまで「LDK」という「間取り中心」にとらえられてきた。「3人家族だから最低でも2LDKは必要だよね」という具合だ。これは間取りが主となり、ライフスタイルをはめ込んでいくある種の「既製品」といえるだろう。生き方がもっと多様で自由であるように、住まいにも自分らしさが表現されて当然のはずだ。だが現実には、家というプロダクトに合わせて、自分たちの生活をアジャストしていかなければならない。一般的なマンションを生活の拠点にすれば、制約されることは実に多い。

だが、これからの住まいは「自分でデザインする」ことが上質な暮らしに直結するようになる。LDKの制約があると、どうしてもその範囲の中でしか考えられないが、自分たちで住まいをデザインしようとすると「そもそも自分たちはどんな暮らしをしたかったんだろうか?」という内から湧いてくる問いをベースに考えられる。この自分自身で理想を形にしていくというプロセスは、それ自体が、「自分の理想の暮らし」を言語化していくプロセスに重なる。

僕たちのケースでいえば、こんな理想の共有からスタートした。

僕の場合

・野鳥が庭に訪れる自然に溶け込んだ家
・書斎から森が眺められる環境
・和室で読書をしたり、瞑想したりするスペース
・気持ちよく料理を楽しみたい

妻の場合

・大きな窓で太陽の光がいっぱい入るキッチン・ダイニング
・キッチンはオリジナルな素材で
・良い木を使いつつ、モダンなトーンで家全体を合わせたい
・広がりがあるリビング

都心に住もうとすると、広さや高層階などグレードによって値付けがされており、ニーズと貨幣価値が分かちがたく結びつけられている。だが、地方においては比較的スペースに余裕があり、環境も多様なため、「自分がどんな暮らしをしたいか?」から発想を始められる余地が大きい。「野鳥との暮らし」や「本を読むスペース」は都市の商品としては汎用化されづらいが、地方においては個人の好き嫌い(＝好み)として選択ができる。そして、それは消費者的な「贅を尽くす」とは一線を画した、自分中心の豊かさの表現でもあるのだ。

こうしてスタートした家づくり。内面の豊かさを形にしていくプロセスというと、

まさに理想の家づくりをイメージされるかもしれないが、実際には痛みを伴うものだった。なぜなら、理想の家のイメージを巡って家族同士でぶつかりやすいからだ。

家づくりの過程では、夫婦それぞれが内面に隠していた理想とするライフスタイルやビジョンをぶつけ合う。相容れない部分もあるし、予算の制約もある。子どもが大きければそれぞれの希望も出てくるだろう。それぞれが内面の欲求を意識して夢を見るフェーズ、そして互いにそれをぶつけ合い、パワーバランスを争うフェーズを経て、折り合いをつけていく。

家づくりはひとつの空間と限られた予算の制約があるのでどうしても、ゼロサムゲームになりやすい。喧嘩とまではいかなくても、緊迫した関係になることもしばしばで、共創は難しい面がある。だが、そうしたプロセスから夫婦の新しい関係性ができあがり、うまい具合のバランスで着地する。

僕らの場合は、家づくりに情熱をもち、ビジョンの解像度が高い妻がクリエイティブディレクターとなり、最終的にほぼすべての意思決定をするという形で役割分担がなされた。家ができるまでの期間は待ち遠しかったが、いざ完成すると、それまでの苦労が報われたような気持ちになった。

土地に根をおろす

実際に住んでみて、マンションと一軒家とで何が変わるのか？　と聞かれることがある。もちろん、広さや、庭がある、などの物理的な変化もあるのだけど、一番大きいのは、「土地に根をおろす」という感覚を持つことができることだと思う。

軽井沢では、自然保護対策要綱というものがある。300平方メートル以上の木竹の伐採や飲食店の営業は、町との事前協議が必要となるなど、自然を保持し、保養地としてのまちづくりを推進するために自然保護の条例が定められている。我が家を建てた場所は、元々湿地帯の近くでジャングルのような場所だったが、木は最大限残し元々の植生を生かすような形で家を設計した。野草も、一時的に伐採しても根っこが残っていれば、また春になると生えてくる。

軽井沢の森の中に住むと、自然の生態系の一部に、根を張らせてもらった植物のような気持ちになる。周囲の植物も季節によって少しずつ姿を変えていく。日本には、二十四節気、七十二候と呼ばれる季節の表し方があるが、自然の中に根をおろしながら、少しずつ変化していく自然を感じとれるのはとても豊かなことだ。

日本は、四季が存在する美しい場所だ。とはいえ、都会に住んでいる時は、四季の移ろいを日々感じることは少ない。しかし、軽井沢に住んでいると、紅葉の季節と一言でいっても、1週間ごとに違う季節であることを実感できる。まず、少しずつ早い木から色づいていき、全体が色づいたと思ったら、少しずつ葉が落ちていって彩りが地面に移っていく。冬は、氷点下になる寒い時期だが、比較的晴天率が高くて、ツーンと涼しく澄む空気の中で、木の芽が生まれ始めていることに気付く。

循環型の建築のビジョンを持つ地方の工務店の社長が以下のようなことをいっていた。

「現代の生活は、自然と人間の間が強制的に区切られてしまっている。でも、庭を持つことで自然と人間の間が溶けていく空間を作ることができる」

実際、庭があるというのは、自然との距離感を変えるなと思う。庭というと、人間が作りきってしまうもので管理も大変というイメージを持たれるが、軽井沢という土地では、景観を大事にして全部を芝生にするよりも、自然に生えている野草の植生を生かしながら適度に植生に手を入れて周囲の生態系と共に生きるという美意識があり、その感覚は僕も非常に好きなところだ（マネーゲームで土地を売却するために伐採しているケースもあり悲しくなることもあるが）。庭を通じて、植物、鳥などと同じ空間を共有し、自然の生態系につながり、そして自分が自然によって生かされている存在であることを実感できる。そういう自然に根を張る感覚を持てるのが、地方で家を建て、庭を持ったライフスタイルを送れることとの豊かさなのだと思う。

最近では、アセットを持たずに軽やかに移動するノマドのようなスタイルが流行っているし、僕自身はどちらかというと、所有は最小限にして移動していた人間だが、いざ土地を買って家を建ててみると、それは自分にとっての第二の故郷をつくるようなものなのだなと思うようになった。仮にここから引っ越すことがあったとしても、この場所に根をおろし、自分自身をつくりあげた故郷のようになっていくのだと感じている。

人との関係性は「耳」でつくられる

離れて暮らすようになった僕らにとっての贅沢とは何だろう。

軽井沢に移住してからさまざまな心境の変化があった。都会から離れて暮らすことで気づいた欠落のひとつは、人と深くつながっていると実感したいという渇望だった。軽井沢で生活するようになってから、「無性に人の声が聞きたくなる」という変化があった。

東京に住んでいたときは、こうした感情を強く抱くことはまったくなかった。なぜなら常にたくさんの人に囲まれているからだ。駅のコンコースを歩いて通勤をしていた頃は、人の流れの中で自分が部品のように感じていたこともあったし、SNSで人とつながるようになって、多くの人と一緒にいる感覚を持つのは当たり前だった。逆に人から距離をとりたくて、電車の中で目を瞑って瞑想することを習慣にしていたわけだ。

だが、軽井沢に拠点を移してからは、「ポッドキャスト」を聴く機会が圧倒的に増えた。軽井沢では車で移動することが多い。これまでだったら音楽をかけるところが、ひたすらポッドキャストを聴いている。これは東京から軽井沢に移住してから始まった新しい習慣である。

なぜポッドキャストなのか。

知っている人が話す声を聴いていると人の気配を感じられて、不思議と安心した気持ちになるからだ。音声コンテンツの特徴でもある「近くで誰かがおしゃべりしている」感覚が心地よく、距離感もちょうどよい。野村高文氏によるニュースコネクトや友人がやっているスローメディアのLobsterr FM、移住仲間である現代アーティスト立石従寛《じゅかん》氏による百百、同じく移住仲間の編集者ひのなおみの軽井沢ノートなど、定期的にアップデートされている波長の合うおしゃべりをかけながら、誰かと一緒にいるかのような気持ちになれる。

僕の場合、同じ音声メディアでもClubhouseやTwitterスペースは苦手だ。大勢の人が参加する劇場型のメディアは緊張を強いられる面がある。一方、ポッドキャストは1対1、1対2といったパーソナルなメディアだ。

また、ポッドキャストではおしゃべりの内容もパーソナルな傾向がある。話し手の「実は俺、ニュースを聞いてこんなことを考えてたんだよね」といった話を聞くと、「ああ、わかるなあ。自分だけが感じていたことじゃないんだ」と安心したりする。

なぜ今、人の声を感じたくなっているのだろう。リモート生活が当たり前になったポストコロナ社会は、家族以外の人の内面を感じにくくなっているからだろう。雑談の機会が減っているからこそ、人が何を思い、考えているのかが見えにくくなっている。だからこそ、他者の感情や欲望、人間の生の気配のようなものに触れたいという欲求が、移住をきっかけに顕在化したのかもしれない。

地方移住というと、キラキラとした生活ばかりが注目を浴びがちだが、実際の暮らしは良いことばかりではもちろんない。じぶんが望むライフスタイルを実現しているように見えて、半面、自分の道を歩むという孤独感とも隣り合わせなのだ。東京で働いているときは、「これが素敵な生活だ」というライフスタイルの階段が見えていて、無意識に一歩一歩上って行くことができた。だが都会を離れると、ベンチマークがなくなる。

心理学的な面からいえば、「私はこんなことを考えている」と開示するだけで、人はある程度心が癒やされ、寂しさも解消されるという。「仕事がしんどくて……」などと友人に話すと、心が軽くなったように感じるのもそのためだ。日常の雑談は、一種の自然なカウンセリング行為だったのだ。以前は雑談の場で辛い心境を吐露することで、メンタルを正常に戻すことができた。居酒屋で愚痴をこぼすのも、ある意味心の安定を保つ役割を果たしていたといえる。だが、リモートワークではそうした機会は奪われてしまった。弱った心が回復することなく、さらにふさぎ込んでしまう。そんな状況だからこそ、本音を語り、弱いところを見せられる場が必要だ。

上司であれば、オンラインでもいいので、意識して部下の本音を聞いてあげる。先に上司のほうから弱いところを開示すれば、部下も心を開く準備ができ、案外素直な気持ちを話してくれるものだ。僕も会社のメンバーに「最近イライラしているように見えるかもしれないけれど、実は○○なところにコンプレックスを感じていて、きつい言葉になってしまったんだ。ごめんな」と打ち明けたところ、そのメンバーは「すごく共感できました」といってくれて、本音で語り合うことができたことがあった。

僕の会社では「チェックイン」「チェックアウト」というルールを設けている。打ち合わせの最初と最後に、メンバーが「今、頭の中にあること」を口に出すのだ。その内容から「ちょっと悩んでいるのかな」などと察し、必要に応じて個別にワン・オン・ワンでフォローすることもできる。雑談の機会が減り、本音を吐露する場が減っている今こそ、「寂しさ」を解消する場を設けることが大事になっているといえるだろう。

住まいファーストの時代へ

これからの住まい方を考えてみよう。

在宅で仕事をすることが前提となった時に、「住まい」こそが重要だと思った人が増えた。

ある家電メーカーとの仕事で「未来」について意見交換しているときに、こんな議論になった。今までは、「仕事＞住まい」だった優先順位が逆転して、「住まい＞仕事」になりつつある。北欧の人は、冬を自宅で過ごす時間が圧倒的に長いからこそ、インテリアに投資したり、デザインにこだわったりしているが、僕らの生活においても、自宅で過ごす時間が増えていくのだ。僕らが、投資をするものも、仕事に対するものではなく、自分の住まいや環境、そこで過ごす時間を充足させるためにに投資をするようになっていくのではないか。実際、インテリアや家電も上質なものが売れるようになっている。住まいの中に、じぶん時間を過ごすために相応しい、上質で、自分らしさを表現できるものを求めるようになるのだろう。

・自分のバイブスに合った土地に住む人が増える
・自分らしい家を建てたいと思う人が増える
・人が集まる場であるキッチンやリビングに投資する人が増える
・家具や家電も自分の美意識に合ったデザインが重視される

インテリアに対してはお金が投資されるだけではない。特筆すべきは、自分だけの空間を求める流れの中で、空間自体を自分でつくってしまいたい、というDIYが注目されるようになってくることだ。僕が住んでいる軽井沢の隣、御代田町には、デザイナーや編集者などのクリエイティブな人が多く移り住んでいるが、彼らの中には自宅の一部や書斎をセルフビルドしている人がいる。DIYは、時間効率という目線では非効率かもしれないが、ここにしかないものを自分たちでつくるという楽しさは他では味わえないものだ。

デザインの世界には「不便益」という概念がある。文字通り「不便だからこそメリットがある」という意味だ。さまざまなものが効率化していく現代社会においては、むしろ人は不便を求める。その非効率な時間の中に、「生きている」という実感があり、生きているという実感にこそ、豊かさを感じるのだろう。

また、二拠点や多拠点を行き来する、住まう場所のポートフォリオを「選ぶ」という感覚も広がっていく。個人で別荘を借りる人も増えているし、多拠点に暮らすことができるADDressや、旅のサブスクリプションサービスHafH、サブスクリプション型の別荘サービスSANUや、ホテルにもできる別荘NOT A HOTELのようなスタートアップが、複数拠点生活へのハードルを下げている。多拠点プラットフォームのADDressでは、秦野市の鶴巻という町がユーザーに人気で、常宿的に使うだけでなく、そこに住民票を移してしまう人までいる。面白い家守（その場所に住み込みゲストをもてなす役割のひと）をハブとして、さらに人が集まり、70人も入っているオンラインチャットを使って日々コミュニケーションを取り合う。「おかげで人生が豊かになりました」という声も届いているなど、家族ではないが友だちよりも近い「拡張家族」のようなコミュニティができているのだ。

BIOTOPEが支援している、建築スタートアップのVUILDでは、NESTINGというデジタル家づくりサービスをリリースし、自分の好きな間取りを自ら設計し、地域の森林資源を活用するなど、家を自分で設計して建てるというセルフビルドができるサービスも生まれている。

このようなサービスを活用しつつ、自分なりのライフスタイルを体現する自宅、もしくは別荘を建て、豊かだと思える環境で過ごすことが、これからの新しい上質な暮らしになっていくのではないだろうか。

〈ポスト・トランジション：③ **食**〉

食習慣の変化が生み出すもの

コロナ禍で、在宅の時間が増えた。その結果として、大きく変わったのが「食」ではないだろうか。変化として挙げられるのが、「外食の減少」と「家での食事の頻度の増加」だ。会社帰りの飲みや、接待による会食の頻度もかなり減少した。それとともに、自宅で料理をする機会が増えた人が多いのではないか。

クックパッドが2021年に発表した「コロナ禍前後での家庭の料理に関する実態調査」によると、34・4％の家庭で料理の参加人数が増加したという。[*3] 料理をはじめたきっかけは「自宅時間の増加」、「負担軽減のための家事分担」で、新たに料理をはじめた人は、1位「パートナー」2位「中学生以上の子ども」3位「小学生以下の子ども」だという。これまでは、料理のつくり手として、女性のイメージが強かったが、男性や子どもが料理をすることが増えていることが見てとれる。海外に目を向けてみると、アメリカでは外食文化から自炊が増えたことで、健康意識が高まったという調査結果もある。

外食で誰かがつくった食事を食べている間は、「美味しいかどうか」にしか焦点が当たらない。一方で、自分で料理をする機会が増えると、野菜や肉がどこで生産されたか、鮮度や栄養バランスはどうかなど、食材の背景に意識が向くようになる。

元々「食」とは、価値観が反映されやすいジャンルだ。宗教の多くの戒律は、何を食べてはいけないか、という点に置かれることが多い。また、サステナビリティの視点では、動物性のものを一切摂取しない完全菜食主義である「ヴィーガン」、植物性食品を中心に食べるがときには肉や魚も食べるという柔軟なベジタリアンスタイル「フレキシタリアン」など、実践を通じてSDGsにつながることができる。「じぶん時間」で生きる人は、他人のモノサシではなく内面の表現を優先させると書いたが、「食べる」とはまさに表現の一端でもあるのだ。「食」を見直すことは、「生きる」を見直すことにつながるだろう。

食べるは「メディア」

都市で生活している人の中には、食について「コスパ」や「時短」を重視している人もいる。とりあえず腹が満たされて、栄養補給ができればいいと。食を楽しむのではなく、「プロダクトを消費している」という感覚だ。東京に住んでいたときは、少なからず僕にもそういう面はあった。

だが、地方に移住すると、「食」に対する意識は大きく変化した。

まず料理をする機会が増えた。

料理は、時間効率だけを考えたら決して楽なものではない。時間をかける代わりに、出費を減らすというのが「自炊」に対する一般的な考え方だろう。しかし、メニューを考え、食材を買って、つくるというプロセスすら充実した時間に感じられるのは、料理が「手を動かすクリエイティブな行為」だからだ。オンラインミーティングをしていると手を動かす機会が少なくなる。そんな中で料理は、つくる充足感を与えてくれる。そう考えると、料理を準備する時間もマインドフルで、かつ、フローな時間としてとらえることができる。実際に僕がインタビューした移住者の人たちの多くは、声をそろえて、「料理を始めた」と語ってくれた。

料理の楽しみの前提となっているのが、食材が本来もっている美味しさだ。長野は野菜などの食材が安くて美味しい。軽井沢には、一店舗あたりの売り上げが日本で一番多いというスーパーマーケット「ツルヤ」がある。地元メーカーと共同開発したプライベートブランド（PB）は高い支持を得ており、長期休暇には観光客や別荘人がかごいっぱいに買いこむ姿が見られる。また、地元の農産物直売所で売っているフルーツトマトは、びっくりするくらい甘い。口に入れたときのインパクトは感動的ですらある。トマトひとつとっても、さまざまな種類があることにも素直に驚く。都会の生活では、すでに調理された「完成品」を食べることが多いが、食材そのものの美味しさを享受できるという点は、地方で暮らすメリットのひとつだ。

このように、地域によってさまざまな食文化や特産品があるように、「食」とは地域文化を体現できるメディアのような存在だといえる。

軽井沢にあるRestaurant Naz（レストラン ナズ）は、最高の食体験を味わえる場だ。世界一のレストランと評される「noma」で修業していた鈴木夏暉シェフが

2020年9月にオープンした。デンマークのコペンハーゲンにある「noma」は、イギリスの雑誌が主催する「世界のベスト・レストラン50」で1位を5回も獲得している。

「Naz」では発酵文化や芸術性、食材本来の味を楽しむような独創的な料理が次々と出てきて驚かされる。「雪の下人参」など長野の食材を巧みに取り入れるなど、ひとつひとつの食材、調理法にストーリーが存在している。1枚1枚のプレートが、新しい文化を発信するメディアになっている印象だ。

同時に、個人にとってもライフスタイルの背骨にあたる「食」は、生活の中で大事にしている思想を表現する「メディア」になり得る。

東京で生活していると、思想や価値観を「食」で表現しようとすると、「どの店で食べたか」「何を食べたか」しか選択肢がない。「サスティナビリティ」をライフスタイルに取り入れようとしても、どうしても「消費」に偏りがちだった。しかし、地方では、豊かな食材にこだわり、生産農法、生産者、地産地消などのトレーサビリティ的な視点で選ぶことも身近になり、ライフスタイルに取り込みやすい。家庭菜園で野菜を育てることから始めてもいいし、もっといえば、土づくりからスタートしてもいいのだ。

「農」は循環に入るチケット

今、人類の大きなテーマとなっているサスティナビリティにおいて、「食」はメディアとして重要な役割を果たす。僕はソニーのコンピュータサイエンス研究所のプロジェクトを支援しているが、そのチームで取り組んでいるのが「協生農法」だ。いわゆるシネコカルチャーという概念で、土地を耕さずに無肥料・無農薬で、100種類以上の野菜や果樹を混生・密生させて栽培する農法だ。植物のポテンシャルを最大限に引き出しながら、生態系自体をつくり上げる。

たとえば、ある土地でレタスだけを大量につくる場合、工場のラインで単品の製品を生産するのと同じで効率がよく、高い生産量を確保することができる。しかし、それによって土の中の栄養分が失われると、長い目で見れば多様性だけでなく、生産性も落ちることになる。何度も同じ農地で作物を栽培していると、土中の栄養をどんどん吸い取ってしまうため、土地がやせてしまうからだ。特に有機農業にはそのような問題がつきまとう。いったんやせてしまった土地は、しばらく寝かせておかないと元の状態に戻らない。

一方で20〜30種類ぐらいの野菜が混在するような農園にすると、土の中の細菌の多様性は担保される。その分、作物の形は悪くなり、サイズもあまり大きくならないけれど、土地がやせない持続可能な農業ができる。協生農法のように、ジャングルのような多様性のある農地をつくることは、地球レベルで見たときに、「砂漠化を防げる」という効果もあるのだ。

実は、軽井沢に移住してから畑を借りて、協生農法とオーソドックスな農業にチャレンジしたことがあった。実際にやってみてわかったのは（月並みな感想だが）、作物を育てるのは想像以上に大変だということ。本業の仕事をしながら片手間で取り組んだこともあるが、生育状況に合わせてケアの仕方を変えていかないといけない上に、夏のシーズンになると雑草に悩まされる。しかも、2ヶ月かけて育てたトウモロコシが、収穫前日にカラスに食べられて全滅するという始末だ。生産性でいったら、まったく割に合わない。

だが畑や土づくりが無意味な行為だったかというとそんなことはない。土をいじる、作物を育てるというのは、「地に足をつけた」感覚を持つことができるからだ。都会の生活では菌の多様性が少なく、鬱になりやすいが、多様な菌のある土壌で土いじりをしているとメンタル状態がよくなるという研究結果もあるそうだ。実際、コロナ禍で家庭菜園を始めた人は多い。調査によると家庭菜園の経験がある人は調査対象の46％と半数近くになるが、そのうち3分の1の人は、コロナ禍後に家庭菜園を始めたという。[*4]

　とはいえ、農を生活に組み込むというと、「難しい」「現実的ではない」と感じる人は少なくないだろう。そんな時、白川町の事例はヒントになる。

　僕は、岐阜県の白川町にある有機野菜の農家の就農支援をしているNPOゆうきハートネットのビジョンづくりをお手伝いしている。白川町は、4割の農家が有機農業という全国でも非常に珍しい町だ。日本は、世界的に見ても、化学肥料や農薬を使った農業の割合がまだまだ高い。日本でつくった農作物は欧米のオーガニック基準に合わないこともあり、農林水産省では2050年には有機農業の農地を全体の25％に拡大するという政策を掲げている。その意味で、白川町は農業の未来を映す先進地域だといえる。

　実際に、白川町の有機農業を支える人たちに話を聞いてみると、東日本大震災をきっかけに「食の安全」や、地に足をつけた「持続可能なライフスタイル」を目指して、移住してきた人が多い。自分で食べる分だけつくる人もいるし、ある程度の広さの畑を借りて、「お野菜便」を全国に届ける人もいる。共通しているのは、農業はあくまでベースだということだ。一年の半分、農業ができない時期には、バレルサウナを設計したり、クラフトビール醸造所をつくったり、有機堆肥の学校をやったり、有機野菜の出張レストランをやるなど、ライフスタイルを表現することに楽しみを見出している人が多い。

塩見直紀氏が2000年代前半に『半農半Xという生き方』を出版したが、彼らはまさに半農半X。一人ひとりが自給自足しながら、里山を舞台に自分たちなりの偏愛を形にして楽しんでいる像が見えてくる。彼らにとっての「農業」とは、地に足のついた生き方の土台であり、同時に、自然を舞台に何でもつくってしまう「クリエイティブワーカー」としての生き方である。これは、サスティナビリティが求められる時代の最先端の生き方なのかもしれない。

そう考えると、僕のような素人でも食のスタイルの発信者となることができる。生産者と消費者の間には、僕たちのようなメディアが存在する余地があり、両者をつなぐような価値を生むことも可能かもしれない。

たとえば、家庭菜園から始めてもいいし、ベランダでプランター栽培という手もある。最近では「コンパニオンプランツ」といって、違う種類の野菜を混植することで、病害虫を抑えたり、成長を助けたりする栽培方法も人気だ。「共栄作物」「共存作物」とも呼ばれる。雑草とりの手間も省けて、ある程度「ほったらかし」で栽培できるので、本業をもちながら気軽に農業体験ができる。土や農といった分野に「メディア」として接していくことを最初のゴールとするのが、無理のないスタイルといえるのではないだろうか。かくいう僕も、今年はいきなり一反の大きな畑からではなく、一坪の農園を庭の一画につくり、再び畑にチャレンジすることにした。佐久市の「ヒトツボ農園」の支援あってのことで、畑という文化を広げようとしてくれる人がいることには、感謝の念が湧いてくる。

男料理のススメ

ここまで読んできて、読者の中には僕がこれまで長く「食」について考えてきたように思われる人がいるかもしれないが、そんなことはない。一人暮らしの時代から外食で済ませてきた僕は、ほとんど料理ができなかった。料理を始めたのは、きっかけがある。二人目の子どもが生まれて1年経った頃に育休を取得したことだ。当時、会社の代表をやっていた僕は、勇気を持って2ヶ月の育休を取得した。それまで5年近く子育てに時間を使ってきた妻に余白をつくり、やりたいことを考える時間をつくりたかったからだ。ちょうどその頃、仕事でレシピサイト、有名なクックパッドの仕事をしていたこともあり、料理に興味を持っていたタイミングでもあった。とはいえ、いきなり料理を始めることはハードルが高かったので、形から入った。STAUB鍋を購入したのだ。STAUB鍋はすごい。料理スキルがほとんどなくても、STAUB鍋にぶちこんで時間さえかければ、そこそこ味わえる料理ができあがる。育休中に、STAUB鍋による無水料理を片っ端からつくり、僕は料理の喜びを実感した。

その喜びとは、何より家族の笑顔をつくり出せることだ。どの家庭もそうだと思うが、子どもが生まれて以降、夫婦の子育て、家事の分担というのは悩みのタネになるだろう。特に子どもが小さい当時、男性は比較的戦力にならずに無力感に苛まれることが多いものだろう。僕も、ゴミ捨て、洗い物、掃除、保育園の送りなどの役割は担っていたものの、これらは最低限やらなければいけないことの分担だ。しかし、料理は違う。美味しい料理を振るまうと、妻が喜んでくれる。子どもも（美味しくつくれたら）、「パパ、美味しいよ！」といってくれる。これは普段つくらない僕がつくるという希少性によるものかもしれないが、男性が料理をすることは、家族を喜ばせることができる数少ないチャンスなのだ。

特に仕事中心の生活をしてきた男性は料理を学ぶと人生の豊かさが広がると思う。

思えば、東京に住んでいたときは、時間に追われて牛丼店のようなファストフードに入るのが日常だった。10分で食事を済ませて仕事に戻る。また、あるときは仕事中にデリバリーサービスに注文して、ロスなく食事を済ませる。今振り返ると、殺伐とした味気のない食の風景だが、まさに終わりのないラットレースのような働き方をしていたから疑問にも感じなかった。

このような食生活は、10分、20分という時間を捻出して仕事をしなければいけない、という心理状態から生まれたものだ。「時間を節約せねば」という意識と、ファストフードやデリバリーで食事を「済ませる」という行為はセットといえる。働き方や生活スタイル、そして「じぶん時間の生き方」は、「食」のあり方と密接に結びついているのだ。

さらに軽井沢に移住してから僕の料理には、新しい習慣が加わった。それが、クックパッドが提供しているMOMENTという料理コーチングのサービスを通じて、料理の動画を撮影し、シェフからフィードバックをもらうという習慣だ。

MOMENTというサービスは、家の台所のコンロの上に専用のカメラを設置する。すると、料理をしている姿が自動的に撮影され、クラウドに保存される。シェフがコーチとしてついて、1ヶ月に3回、同じメニューをつくる。メニューは自由に選ぶことができるので、僕は麻婆豆腐や参鶏湯、パエリアなど自分が食べたくなる、「アガル」料理を選んでつくっていた。

このサービスの秀逸なところは、料理教室に行かなくても、毎日の料理をより美味しく、楽しいものにするサポートをしてくれることだ。たとえば、肉をどのくらいの火加減で焼くかとか、野菜の水分をどのくらい出すべきかなど、素材の調理の加減はわからないことが多い。ある程度やってみないとコツはつかめないところだが、ちょっとしたポイントを教えてもらえるだけで飛躍的に味が変わるのだ。

料理は、オンラインミーティングが続く日々の中では、疲れた脳をリセットする体験になる。音声プロデューサーとして起業した野村高文さんも、茨城南部に移住し、一番の変化は、料理をする頻度が増えたことだといっていた。リモートワークで自宅勤務が増えると、自炊の頻度が増えるし、地方では外食のオプションも多くないので、料理は非常に重要なエンターテインメントになるのではないだろうか。

「食」から始まるコミュニティの再構築

長い間、誰かと食卓を囲むことは、共同体をつくるうえで基本的な行為とされてきた。地域コミュニティが存在していた昔は、隣の家でご飯を食べて帰ってくるようなことも普通にあっただろう。ご飯を一緒に食べる行為自体が、地域の共同体をつくるための強力なメディアとなっていた時代の話だ。

ところが、日本の生活が近代化されていくと、家族が一緒に食卓を囲まなくなった。コンビニができて夜遅くにご飯を買えるようになり、家族の食事の時間がバラバラになった。食卓が人と人とのつながりを生む役割を担ってきたが、「食の個人化」というトレンドに呼応するように、コミュニティの付き合いも希薄になっていった。一転、家の中で過ごす時間が増えて、食卓を囲む機会が増えた。まさに家族というコミュニティが再構築されるきっかけになったといえる。

軽井沢に移住して起きた変化のひとつに、知り合いの家を行き来し、お互いの家で食事を振る舞い合う機会が増えたことがある。東京に住んでいたときは、いくら仲がよくても家に招いたり、招かれたりするのはハードルが高かった。

軽井沢には東京のように気軽に家族同士で食べに行ける場所が少ないという特有の事情もある。「一杯行きましょうか?」と連れだって出かけるような居酒屋もあまりないし、そもそも車社会なので酒の付き合いをしようと思えば、代行サービスを呼ばなければならない。それゆえに、家族ぐるみでお互いの家を訪ねることになるケースが多い。当然、食卓を一緒に囲むことになるので、付き合いの薄い人とも関係性を築きやすい。

食を振る舞うという行為が、「メディア」として媒介し、「人のつながり」をつくるプロセスに一役買っている。逆にいえば、料理を振る舞えるくらい腕が上達すれば、関係性を構築するための武器にもなり得る。料理をしている時間こそ豊かさを稼ぎ出す時間だ、といえないだろうか。

〈ポスト・トランジション：④ **コミュニティ**〉

人付き合いは不要不急なのか

コロナ禍で、劇的に変化したのが人付き合いだということには異論を挟む人はいないだろう。テレワークで外食の自粛が起こると、いわゆる「付き合い」で人と会う機会は減少した。ニッセイ基礎研究所「第7回　新型コロナによる暮らしの変化に関する調査」によると、4割近くの人が家族や友人との対面でのコミュニケーションが減ったと答え、3人に一人の割合で、家族や友人と距離ができることを不安だと答えている。[*5]

感染症法上の5類に移行して、規制が解除されてくると、次第に会食や接待も回復していくだろうが、自分にとっての「人付き合いとは何か？」「どんなコミュニティを居場所とすべきか」を、各人が問い直したのは大事なことではなかっただろうか。

おそらく、バブル崩壊後の2000年頃までは、会社をコミュニティととらえていた人は多かっただろう。しかし近年の働き方改革が、多くの人に「職場はもはやコミュニティではない」という現実を突きつけた。その後、コロナ禍前の15年ほどは、「コミュニティ」が流行っていた時代だった。SNSの登場もあり、ニッチなテーマで人が集まりやすい環境ができたことが大きかったのだろう。職場と家庭に続く第三の場「サードプレイス」が必要だという考えも一気に浸透してきた。

だが従来のコミュニティは、どちらかというと、「職場」や「家庭」といったコミュニティでは出しきれない、素の自分を出せる「補足的な」役割の場としてとらえられていた印象がある。そんな中、個人の生活がより「家庭」や「近所」にシフトしたことで、コミュニティは「自分の生きる意義を発見する場」へと変化してきているのではないか。本項では、地域コミュニティへのかかわりについて考えてみたい。

人間の本質は「社交」すること

先述の山極壽一氏は、人間の社会は「移動する自由、集まる自由、対話する自由」によって成り立ってきたという。そのうちの、「集まり、対話する」とは、「人とかかわること」だ。人間にとって「人とかかわること」が、幸福や生きがいを左右する大きなできごとなのは動物的本能のようなものかもしれない。

ここ数年、「ステイホーム」や「ワークアットホーム」が叫ばれることによって、家族のいる人に起きた変化が「家族と過ごす時間が増えた」ことだった。

日本においては、長らく男性が働き、女性が子育てや家事をするというモデルのもと、長時間労働が正当化されていた。特に50代以上の世代の男性は、仕事に邁進するため、帰宅が遅くなるのは当たり前で、子育ては「週末のみ」に限定していた人が多かったのではないか。時代とともに、「家事・子育て」は夫婦で分担するものという流れに変わってはいたが、現実的に仕事が忙しい男性が家族と時間を過ごすことは難しかった。子どもが小さいうちは、保育園の送りを担当するのがせいぜいというケースが多かったのではないか。

しかし「在宅ワーク」になれば、家族との時間は増える。子育ての目線でいえば、あっという間に大きくなってしまう子どもと少しでも一緒にいられるようになったことは素晴らしいことだし、夫婦の時間を取りやすくなったこともパートナーシップを豊かにすることができる環境になったといえる。日本では、「仕事>家族」だったが、この価値観が「仕事&家族」のバランスになりつつあるのではないかと思う。

だが、家族中心へのシフトはメリットばかりではない。

家族とずっと一緒にいると、精神的に行き詰まる人もいる。基本的に家族は適度な距離感を持っていたほうが長続きしやすいものだと思うが、家にいるとどうしても家族との関係が密になりすぎてしまう。家族それぞれが自分の時間を確保する必要性も増している。家族との時間が増えると、家族の関係をフレッシュに保つ仕掛けが必要になるのだ。

そのためには、「家族ぐるみ」で友人や知り合いに会うというのが一番だと思う。僕の場合も、東京だと知り合いの家を訪ねるのは心理的ハードルが高かった。いくら仲のよい友人であっても、自宅を行き来するのは躊躇してしまう。しかし、移住先では、娘が友だちの家に泊まりに行ったり、お互いを自宅に招いて食事をしたりする機会が増えた。地方においては、家というプライベートスペースでの行き来が多いことで、自然と深い関係性がつくりやすくなる。

しかも、パブリックの場ではあるけれど、プライベートの場でもある。そんな家庭でもない仕事でもない「第3の場」と呼べるコミュニティが、僕の住んでいる町にはたくさん存在する。そこでは仕事の肩書とは関係なく、人対人の付き合いが求められる。「戦略デザインファーム代表の佐宗さん」ではなく、「同じ町に住む佐宗さん」という関係での人付き合いが増える。

たとえば、クリエイティブな仕事をする人が多く移住している長野県の御代田町では、旧役場跡地を町から借り受け、子どもも大人も誰もが利用できる「みよたの広場」という場をつくるプロジェクトが進んでいる。地域のパブリックスペースに人をつなげるための場づくりに、多くの住民が手弁当で参加している。

前述の山極壽一先生は、「人間の人間たる本質とは社交（ソーシャライジング）をすることだ」とも主張されている。曰く、社交には、場とＴＰＯが共有され、その場で同じリズムが共有されると「同期」が起こるという特徴があるという。集まった人たちが一体になるような実感をもてる場が社交であり、社交をすることで人間らしく生きられるというのだ。典型的なのは、音楽ライブで、会場に集まっているのは知らない人同士だが、音楽のリズムに同期して、会場を支配する一体感に酔いしれる。山極先生はこういう。

「社交の中で個々のアイデンティティも見出されていきます。自分らしさは、自分が一方的に提示してできあがるものではありません。人々が互いに認知し、期待しながら、互いに自分らしさ、相手らしさを見出し、やんわりと人々が『この人だったら何かできそうだ』『何か協力してよ』と言い出しやすいような雰囲気ができることで、アイデンティティができていく。それができる社交をつくっていく必要があります」

この話を聞いて感じたのは、家族とは違う形で、リズムを共有するような社交をすることが、人間の根源的な欲求として存在するのではないか、ということだ。

コミュニティは、ウェルビーイングの向上にも大きく関係しているといわれる。コミュニティに所属することで、人は幸福感を得られる。いくら収入を増やしても、お金から得られる幸せには限度がある。基本的には年収800万円を超えると、幸福感はそれ以上増えないといわれている。より幸福を追求するなら、心身の健康を維持すると同時に、コミュニティに属することが不可欠になるだろう。

「ホーム」が増えるという幸福

地域のコミュニティに入り、第3の場をつくっていくということは、〝ホーム〟が増える感覚に近い。

僕はデザインコンサルティングの仕事で長野県白馬村のビジョンづくりに携わっていた。白馬村観光局が主催したプロジェクトで、40人くらいの環境意識の高い村民の方々やサーキュラーテクノロジーを持っている事業者と一緒に、持続可能な2030年の白馬村のビジョンをつくりあげていった。白馬は人口9000人程度の村だ。比較的顔が見えやすいサイズで、ビジョンをつくることは、村の一人ひとりの暮らしにも影響がある手触り感のある体験だった。そのプロセスでは、メンバーとの関係も深まっていき、白馬村のシンボル通りにある「スノーピークランドステーション」のマルシェでは、たまたま会った村民の方が声をかけてくれる。
「あの場を共にした仲間に会いに、また白馬に行きたい」
そう思えるような体験をさせてもらった。

地域を盛り上げる活動に参加することは、コミュニティを広げる感覚がある。異なる地域に住む人が、お互いに困ったことがあればサポートし合うといったことを経済の営みとすることで、拠点としている場所以外にホームが拡張していく。セカンドホーム、サードホームのような経済圏が増えていくのは、ある種贅沢な体験で、人生の豊かさにつながっている。

人間関係のできている土地に足を運ぶのは、観光で訪れるのとは違う感覚がある。「友人や知人がいるから行く」というのは、どこか「ホームに戻る」ような感覚だ。

デザイン・イノベーション・ファーム、Takramの緒方壽人さんは、現在、長野県御代田町に移住されているが、それ以前は、夏の1ヶ月を北海道のニセコで過ごすライフスタイルを続けたそうだ。震災をきっかけにニセコを訪れるようになった緒方さん。その魅力に惹かれ、10年も通うことになったそうだが、当初はそんなことは想像もしなかった。

実は緒方さんが10年も通った理由は、現地の人との関係性だった。ひょんなことから現地のベーグル屋さんと仲良くなると、次第に「人に会いにいく」ためにニセコに通うようになり、「里帰り」の感覚を持つようになった。現地の農園のブランディングを手伝うようになるなど、コミットメントは強くなる。緒方さんは、「ニセコに通うことで、いかに自分が『東京』というバイアスで世界を見ているかに気づけました」という。10年の経験があったからこそ、いざ家族で長野に移住しようとなったときにも、抵抗なく拠点を移行できたという。

このように、ホームの条件は、限られたスペースの中に一定数の知り合いがいることだといえる。たとえれば、歩いていると偶然知り合いに会うような大学のキャンパスのような空間だ。緒方さんのように住んではいなくても、「関係人口」と呼ばれるような、第二、第三の故郷をもつ発想も有効だと思う。

ただし、コミュニティから一方的に得るだけでは、お互いにとって居心地のよい関係にはならない。できる範囲でコミュニティに貢献することが大切だ。基本的には、ギブしている人のもとに人が集まってくる。コミュニティは、ギブ・アンド・ギブの結果として生まれ、発展していくものだ。たとえば、人を積極的に紹介し、人と人をつなげてあげる。コミュニティのハブの役割を果たすことができれば、コミュニティは居心地のよいものになっていくはずだ。

「地方自治は民主主義の学校だ」

地域コミュニティに属するときには、そこから何を得るか以上に、いかに参画するかという意識が大切だ。だが、移住してすぐにコミュニティに貢献するといっても、何ができるか途方に暮れてしまう人も少なくないだろう。そんなときに、真っ先にできる参画がある。それが、選挙だ。自治体の長を決める選挙に参加するというのは、地域づくりに参加する、誰にでも与えられている権利だ。

ちょうど僕も移住して1年ほどのタイミングで、町長選挙があった。

軽井沢は人口2万人。単純に自分の票は2万分の1。それまで住んでいた世田谷区は人口93万人だから、単純にいって1票は50倍のインパクトがあることになる。

一般的には、選挙は期間が限られるし、知らない人が立候補することもあって、自分たちの代表を選ぶという感覚になりにくい。

だが、国政選挙と違って、小さい自治体の長を選ぶというのは、自分たちの地域を預ける代表を選ぶという感覚をもちやすい。「地方自治は民主主義の学校だ」という言葉があるが、今回、初めて地方での首長の選挙に参加してみて、その意味を実感することができた。

特に今回の町長選挙では、4選目を狙う現職に対して、3人の対抗馬が出馬する形で注目が集まった。選挙期間中、知人の編集者の女性は、その職能を活かしてプロボノ的な地域貢献を実践していた。町の中心部にあるパブリックスペースに、立候補者一人ずつを招待し、それぞれにインタビューを行う。それをインスタライブの形で配信して、候補者が「この町をどうしていきたいか」のビジョンや政策をわかりやすく伝えるメディアの役割を果たしたのだ。候補者にインタビューというと誰でもできるわけではないだろうが、Web中継のインフラの手伝いやそのための場つくりなど、普段の本業を生かしてサポートすることはいくつもある。地方自治となれば、投票以外にも貢献できる場が一気に広がることがわかる。

さらにその後に行われた「統一地方選」の町議会議員一般選挙では、同じ学校に子どもを通わせる保護者仲間が立候補をした。これまで政治参加というと、投票行為くらいだったが、こうして積極的に「まちをよくしていこう」と政治に関わるのは、地方自治ならではだ。一部地域では、住民が「ビジョンづくり」のワークショップを開催するなどしているので、参加する機会もあるだろう。そういった機会に巡り会えないのであれば、仲間を募って、町の中心人物を巻き込んでいくやり方もある。

こうして関わることで、必然的に自分は町に属していると思えるし、より貢献したいという気持ちも強くなる。ウェルビーイング研究によれば、人が豊かさを感じる条件に、自分の所属するコミュニティが存在することがあるという。地域への移住は、コミュニティへの帰属意識と豊かさを発見するプロセスでもあるのだ。

都市の時間感覚をもちこまない

だが移住とは、もちろんよいことばかりではない。

地域に溶け込めないというのはよくある話だ。正直にいうと、僕は移住してから1年くらいは寂しさを感じることが多かった。ただ、僕は住む場所を変えるたびに、最初の1年目はある程度寂しさを感じる性分だから、場所の問題ではないのだろう。その反対に、新しい土地にすっと馴染んでいく人もいる。

移住がうまくいく人のパターンには2つある。

ひとつは、コミュニティのハブとなる人とつながること。移住の最大のネックは「人のつながり」だ。移住者が多くて盛り上がっている自治体には、その土地の入口のような役割を果たしているハブ的存在がいるものだ。そういう人を訪ねていくと、「仕事のことなら、この人に会ったらいいよ」「家のことなら、この人が詳しいよ」などと紹介してくれるケースが多い。そういう橋渡し役となる人がいる土地にはスムーズに溶け込んでいける。

「定額住み放題」で多拠点生活を支援するプラットフォーム、ADDressの事業開発フェローである池田亮平さんは、ハブとなる人物との出会いで鹿児島への移住を決めた。きっかけは、地元の経営者が集まるNPOのイベントに登壇したことだった。仕事としてかかわる中で、縁もゆかりもなかった鹿児島の地でハブとなる人物に出会い、さらに面白い人がたくさんいると知ったことで移住が一気に進んだ（その後、彼は地元の商社、小平《こびら》株式会社のCHROを務めることになる）。

もうひとつのパターンは、最初からコミュニティに所属すること。多いのは子どもがハブとなるケース。子どもが通う学校を通じて、地域コミュニティと接点をもてる場合が多い。僕の場合も子どもが通う軽井沢風越学園という学校を通じて、地域コミュニティに馴染んでいった側面もある。学校に限らず、初期の段階から魅力的なコミュニティに入っていけるかどうかは、移住の成否を左右するのではないだろうか。

移住先に溶けこむポイントをいくつか挙げておこう。僕も移住してきてまだ日が浅いので、教訓めいたことはいえないが、少ない経験から肌で感じたことを伝えておきたい。

「郷に入っては郷に従え」という使い古された言葉があるが、この教えは現代でも生きている。移住の先輩の不動産屋さんに、こんなアドバイスをされたことがある。「東京の時間をもちこまないほうがいい。東京と軽井沢では流れる時間の速さが違う。軽井沢では時間をかけて物事が自然に整っていくようなところがあるから、東京の時間感覚を捨てたほうがこっちでは過ごしやすい」

たとえば、土地を購入したときなどは、近隣住民とトラブルが起こりやすい。都会の感覚だと、「法律的にはこう決まっている」「合理的に考えたらこうするのがいちばんだ」とすぐに解決したくなるが、それが通用しないコミュニティも多い。焦らずに、ゆっくり時間をかけて解決していくほうがうまく収まりやすいだろう。

一方で、「流れる時間」の違いは、もちろんメリットにもなりうる。

移住して東京と軽井沢を行き来するようになってから、会社のメンバーに仕事の一環で軽井沢に来てもらうことがある。いつもとは異なるリラックスした環境の中で一緒に過ごしていると、人間関係をつくり直せる感覚がある。環境が変わることで、社員はいつものオフィスモードではなく、友人モードになれるし、逆に僕のほうも、社員からは東京にいるときとは異なるモードに見えているだろう。オフのようなモードでお互いに接することで人間関係が深まったり、相手をより理解できたりする。旧知の人とも「出会い直せる」のは、都心以外に拠点をもつメリットだと思う。

〈ポスト・トランジション：⑤ **教育**〉

子どもの「余白」が奪われている

我が子の教育をどうするか？　これは、子どものいる家庭であれば誰もが悩むテーマではないだろうか。我が家もそうだった。移住を検討していた頃、幼稚園の年中の娘と、保育園に預けている2歳の息子がいた。

コロナになったことで、感受性が豊かな幼少期には、マンションの一部屋ではなく、自然の中でのびのび育ってほしいと具体的に考えるようになった。これは移住の決め手にもなった。ただし「自然の中で育てたい」だけでなく、その前提としては夫婦で次のことを教育方針として共有していた。

・子どもは、自分で判断して、自分で決めるという自己決定権を持っている

・小学校の時期までは、過度な競争には巻き込ませない。10歳くらいまでは、自己肯定感を育成し、その後、中学校以降で競争環境に入っていけるとよい

詳しくは後ほど述べるが、このような教育方針を考えた時、東京を離れ、軽井沢という地で子どもを育てることは僕たち夫婦にとっても合理的な選択になった。実際、軽井沢には教育感度の高い人が集まっている。移住を悩んでいた時に、移住の先輩からの次の言葉を聞いたことも後押しになった。

「仮にどの学校に入ったとしても、軽井沢の自然環境にいること自体が大きな学びになるよ。長野県は、公の教育自体の質が伝統的に高いし、情操教育を大事にしてくれるんだよね。僕は、移住前はシンガポールで教育を受けさせていたけど、日本で教育を受けさせるなら長野が良いと思ったんだよね」

軽井沢には、子どもの自主性を大事にし、学年の枠を超えたユニークな教育をする軽井沢風越学園という学校がある。軽井沢インターナショナルスクールと呼ばれる全寮制のユナイテッド・ワールド・カレッジISAKジャパンもある。近隣に目

を向ければ、佐久穂町にはオランダのイエナプランによる大日向・小中学校もあり、先進的な教育機関も少なくない。そのような背景もあって、学校の選択についてはどうなるかわからない状態のまま、移住への意思決定をした。

過熱する「受験戦争」

実際、東京都心を中心とした中学受験の過熱ぶりは目を見張るものがある。

「中学受験が史上空前の激戦に！難しさを増す学校&塾選び」そんな記事を出したのは、週刊ダイヤモンド（22年4月23日号）だった。記事によると、直近2022年入試の首都圏の受験者数は、私立中学と国立中学を合わせて5万1100人（首都圏模試センター調べ）。22年入試の受験率も高く、17・3%と初めて17%を突破したという。日能研のデータでは、東京都の受験率は30・8%にあがっている。受験率が上がっているということは、当然合格率は下がるわけで、合格率は「22年入試で80%台前半にまで落ち込み、女子も合格率が急落して100%割れが目前に迫る」と記事はまとめている。実際、都内に住んでいると、小学校3年生頃から塾に通い始めることも珍しくない。僕が子どもの頃に比べて、さらに早期化が進んでいるのだ。

このような状況を前に、今子どもの学びに大人はどう向き合えばいいのだろうか。


僕は、2019年に『直感と論理をつなぐ思考法』（ダイヤモンド社）という本を出版し、多くの人に手に取ってもらうことができた。その中で、驚いたことに、学校の先生からの反響も多くいただいた。この本は、「妄想→知覚→組替→表現」というプロセスで、ビジョンを具体化していく方法について書いたものだ。学校現場には、子ども自身の内発的なビジョンを引き出したいと願っている先生が大勢いる。だが一方で、これまでの教育では、一人ひとりのビジョンを表現する、というような授業はあまりなかったそうだ。

こうして立ち上がったのが、「VISION DRIVEN EDUCATION：希望をつくる学び」という活動だった。現場の先生たちと「未来の教育のために協力できることはないか」と話していく中で、子ども自身が「妄想」にアクセスし、心から望む未来のビジョンを描いていくという体験を学校や家庭で実践するという活動だ。

その活動を通して、急激に変化する学校現場に触れる中で、教育に対する価値観が変わってきているのを感じた。大きく分けると次の3つに分類できるだろう。

①いまだ教育のOSとなっている一斉授業の中にあって、「探究」という一人ひとり違う学びの実現が求められている

②デジタルの学びが広がることで、個別最適な学びが実現する一方、学校というリアルな場においては、身体性や感性を育む教育がより注目されている

③一斉休校において、子どもたちに「余白の時間」が生まれた。その後の授業の再開を見た時に、「詰め込み」ではなく、自由に自分らしく学べる余白や創造的な学びが必要なのではないかと考える保護者が増えた

なかでも、③の「余白」の問題は深刻だ。

教育現場の先生に話を聞いてみると、彼らも子どもの余白の確保は喫緊の課題だと認識している。増え続ける学びのポイントを押さえつつ、教科学習を統合したりして子どもに余白をつくろうと奮闘している。たとえば、東京のある名門附属校では、総合学習の時間にSTEAM教育（科学・技術・工学・アート・数学の教育分野を総称する語）を採り入れて、詰め込みに偏らない教育を模索している。

だが一方で、親の側からすると学校の教育だけだと進路が不安だからと、小学2～3年生ぐらいになると子どもを塾に通わせるのが当たり前になっている。

子どもの心理的発達の観点で見ると、低学年での塾通いの影響は小さくない。子どもは、おおよそ小学4～6年生の頃に自我が芽生えるといわれる。それまで「ウルトラマン」や「プリキュア」などファンタジーの世界で生きていた子どもたちが、「他人から見た自分」を意識するようになり、「自分とは誰か」「他の人とは何が違うか」というアイデンティティをもつようになる時期だ。

一方で、塾に通うという行為は、偏差値という他人のモノサシをベースにした価値観に一気に近寄っていくことでもある。アイデンティティを確立する時期に差し掛かった途端に、社会のモノサシ（他人軸）を強制的に当てられる。これが日本の教育に埋め込まれてしまっている構造なのだ。

アートやデザインなどのクリエイティブ教育は、自分自身に向き合い、自分らしさをつくっていく上で重要な科目だ。だが既存の学校教育では、美術や図画工作といった教科は、基本的に「技術」を教えるのが主流となっている。技術である以上、上手な子と下手な子が出てきてしまう。下手な子はどうしても苦手意識をもつため、「自分にはクリエイティブな能力はない。向いていない」と思ってしまう。

子どもの時代に大切なのは、自分の想像したものを創造し、その作品を「ほめてもらう」「認めてもらう」といった承認のプロセスを体験することで、創造への自信を深めていくことだ。ところが、既存の学校の現場では、そのような機会をもつこと自体が難しくなっている。

今の学校教育では、テーマを探索してアウトプットするという創造の経験ができない。しかもその経験のないまま、受験戦争に突入してしまう。さらには、大学に入って余白ができたと思ったら、就職活動で自分をマーケティングすることになる。これらのプロセスでは、「人の役に立つか」という他人目線でしか自分を見ることがないため、内面への自信は養われないだろう。

実は社会人も似たようなジレンマに突き当たっている。僕は、京都造形芸術大学や多摩美術大学で社会人向けにビジョンをアート表現する授業を担当しているのだが、「自らのビジョンをつくる」という講義をしたとき、ある社会人がこんな告白をしてくれた。

「ゼロから設定したビジョンを誰かに認めてもらった経験は、これまで一度もありませんでした。初めて自分は自分のままでいていいんだという感覚を得られました」

知識や偏差値の視点ではエリートの社会人ですら、社会に出て初めて、心からやりたいことに気づくのだ。

では、どうしたら子どもたちは「余白」を確保できるのだろうか。あらためて問い直してみると、難しい問題といわざるを得ない。東京などの都心に住んでいる限り、どうしても友だちが塾に行き始めるから自分も行きたい！　というピアプレッシャー（集団における同調圧力）がかかり、受験戦争に自然に巻き込まれていくシステムになっているからだ。

教育とは、人生で一度しか訪れない体験だ。やり直しはきかない。だから、まわりが早くから受験勉強をやっていれば、「我が子だけやらない」という選択は取りにくい。

その解決策のひとつとして考えられるのが、「同調圧力」から距離を置いてしまう、ということだ。実は、僕たち家族が東京を離れて軽井沢に移住したのも、子どもの教育にとっていちばん大事だと信じている「余白」を確保するためだった。小学校時代の自我を育む時間における「余白」は何事にも代えがたい。自然という雄大なキャンバスがある環境で、受験勉強に追われない小学校時代を過ごすことが一番の教育ではないか。そんな判断が、僕らの移住を後押ししてくれた。

「競争も大切では?」への応答

小学校時代に子どもに余白を確保し、自然の中で過ごしてほしい。そんな願いをもって、移住を決断した。だが一方で、高学年になると受験や進路をどうするかという悩みが出てくるのも当然のことだ。「受験を頑張るのも人生経験ではないか」

「社会に出たら競争が待っているんだから、子どものうちから慣れていたほうが有利だろう」という考え方もあるし、一概に間違いだとも思わない。

果たして、子どもの人生にとって、バランスをどのようにとればいいだろうか。

実は、僕が経営している戦略デザインファームBIOTOPEも、基本的に自分でやりたいことを考えて、強みを伸ばすことに時間を使うポリシーで運営している会社だ。多様性を重視すると、自然に共通の尺度がなくなり、競争的な環境ではなくなっていく。このような環境は個人にプレッシャーがかかりにくいので、比較的抑圧や無理が少なく、お互いがお互いをケアする環境になりやすい。実際、うちの会社でもいじめや派閥などはない（たぶん）。これは、「余白」のある環境のメリットだ。

一方で、デメリットもある。「余白」のあるスタイルに慣れてしまうと、そうでない社会に放り出されたときに困惑してしまうことだ。ビジネスの世界には、実に理不尽なことが多い。上司の「これをやれ」という指示に対して、素直に「はい、わかりました」と絶対服従するようなノリは、自分の頭で考える人ほど理不尽に感じてしまう。

余白のある環境で育った人が上意下達な組織に就職すると、「今までは意見を聞いてもらえたのに。こんなに聞いてくれない環境があるのか……」と、慣れるのに苦労する。当社でも同じことが起きていて、BIOTOPEにインターンでやって来た学生は社会に出てからそのギャップに直面した人も多い。

自分のやりたいことを実現できるような余白のある環境で育ってきた人は、クリエイティブやイノベーションといった部門では受け入れられやすい。一方で、オペレーションを担う部門では、組織人は「駒であること」を求められる。社会人として生きていく力を高めていく上では、どちらの環境下でもパフォーマンスを出せることも大事なことだと思う。

両者の壁を突き崩すような解決策は、2つの間を往復することだ。

僕の経験からいっても、教育のどこかのタイミングで競争をする経験は必要であり、そこで勝つには自分のやりたいことや強みに基づいた自信を育てたうえで競争に参戦することが必要になる。そして競争を戦い抜き、地力がついたら、今度は自分でやりたいことを見つけて実現する――このように、基本的には2つの世界を往復することが必要不可欠で、どのタイミングでどちらの世界を選ぶかということも重要だ。

僕が教育論の分野で大きな影響を受けた人物の一人に、『第3の教育――突き抜けた才能は、ここから生まれる』（角川新書）の著者であるラーンネット・グローバルスクール代表の炭谷俊樹さんがいる。炭谷さんは探究型教育の第一人者で、「自分で考え、選択し、自立的に行動して自分の人生を切り開いていく」という人材育成をテーマに活動している。

国民幸福度が世界一で対話を重んじる国、デンマークの教育を娘さんが受けた経験をもつ炭谷さんによると、北欧の教育はエレメンタリースクール（日本でいう小学校）の時期までは、基本的には子どもの自己肯定感を養うことを優先するという。そして、中学校以降になったら、逆に徹底的にコンペティション（競争）させるのだ。

そういう意味では、中学以降、受験のような競争環境に身を置くのは決して悪いことではない。その頃になれば、自分で判断したり、受験をするしないなどの意思決定もできる年代だ。自己決定してやったことであれば、身も入るだろう。そういう意味では、本人に判断させた上で高校受験も大学受験も大いにやるべきだと思う。

自分らしさを育む「アトリエ」をつくる

では、子どもの「余白」を確保できたとして、どのように過ごせばいいだろうか。これからの時代は何が起こるかわからない。大変な変化や苦難が待ち受けているかもしれない。それでも、そうした事態を切り拓いて生きていかなければならない。そんな時に、何をやりたいのかを内面に問い、それを形にして表現していく力は不可欠だ。希望をつくる力と言い換えてもいい。子どもが、その力を身につける上で、親にできる役割は何か。それは、表現したくなる「キャンバス」をつくることだ。

イタリアにあるレッジョ・エミリアという小さな町が取り組んでいる幼児教育は、感性や創造性を育てることで世界的にも高い評価を受けている。レッジョ・エミリアの教育は、幼児学校に一人ずつ「アトリエリスタ」といわれる芸術家が常駐していて、アトリエと呼ばれる部屋での活動を進めることにある。

アトリエとは、子どもたちが何かを創造・表現したいと思える環境のことだ。アトリエで過ごす時間は、子どもにとってまさに「余白」である。そして、アトリエリスタは、子どもに刺激を与える存在でもある。「こうしたら面白いからやってみない?」というように問いやテーマを投げかけることで、やってみたいと思えるような環境を整える。アトリエリスタのような役割を両親が担うことができれば、子どものクリエイティビティを育むサポートとなるだろう。ちなみに、レッジョ・エミリアの教育では、親がプログラムの計画づくりに参加し、子どもと一緒に活動や支援したりするのも特徴だ。

決して、先回りして教える必要はない。すべての知識を持っている必要も、もちろんない。一緒に学んだり、調べたり、面白がったりするだけで十分だ。親がすべきは、あくまでも子どもが新しい知識や刺激と出会えるような「環境をつくる」こと。たとえば、自宅の本棚を充実させるのも手段のひとつだ。一般に、本棚が大きい家で育った子どもはＩＱが高いといわれる。日常の環境の中に知識と出会う機会がたくさんあるからだ。

「探究する力」を提唱する教育者の市川力さんとお会いしたとき、探求心についてこう述べていた。

「大人になっても探究心が強い人は、家の本棚に本がたくさんある。きっと知識との出会いが日常にいっぱいある環境で育つことで探求する力が身につくのだろう」

　新しい知識に出会う環境さえつくってあげられれば、子どもはいつか勝手に興味をもって自分で探求したくなるものだ。環境をつくっても、最初は「あまり興味をもってくれない……」とやきもきするかもしれない。だからといって、「これを読みなさい」と強制する必要はない。

「こういうことをやったら面白そうだけど、どう思う?」と声をかけてみて、子どもが「やりたくない」と答えたら、それ以上押しつけない。「それなら別にやらなくていいよ」というくらいの距離感がちょうどいい。子どもの興味・関心は親とはまったく異なるところにある。もし子どもが、親が用意したものになかなか興味を示さないのであれば、少しずつラインナップを変えていく。

　子どもが何に興味をもっているか。その移り変わりを把握するのも親の役割だ。子どもの興味・関心がどこにあるか、どんなことを考えているかといったことから、子どもの内面を垣間見ることができるから。その方法のひとつが、ドキュメンテーション。子どもが興味をもったこと、つくったもの、描いた絵などを写真を撮るなどで記録して残しておくのだ。それをアルバムの形にしてまとめておくのもよいだろう。目に見える形で記録に残していけば、子どもの内面を理解する助けになるし、子ども自身も自分の興味を振り返ることができる。

だからこそ、まず大人がすべきことは「子どもと一緒に時間を過ごし、子どもを観察し、よいタイミングでキャンバスを用意してあげる」ことだといえるだろう。

子どもに「余白」をつくる方法のひとつとして、同調圧力から距離を置くと書いた。だが、地方に移住をしなくても、都会のど真ん中でもできることはあるはずだ。

ＮＨＫの『チコちゃんに叱られる！』という番組をご存じだろうか。５歳のチコちゃんというキャラクターが素朴な疑問を投げかける教養バラエティ番組で、答えられないでいると、チコちゃんに「ボーっと生きてんじゃねーよ！」と叱られる。「いってらっしゃーいってお別れのとき、手を振るのはなぜ？」など、なかなか興味深い問いが並ぶ。

ここで記憶に残るデータが紹介されていた。「わが子と生涯で一緒に過ごせる時間」という問いだ。母親と子どもの接する時間は、平均すると「約7年6ヶ月」、父親は「約３年４ヶ月」だという。幼稚園入園時にはそのうち18％が過ぎ、幼稚園卒園時には32％、小学校卒業時は55％と経過し、高校卒業で親元を離れるころには、なんと73％も過ぎ去ってしまう。僕自身は、子どもがまだ6歳と４歳なので、毎日が忙しく過ぎ去っている感覚が強いが、人生トータルで見ると、親が子どもと一緒にいられる時間とは、実に限られているのだ。

以前アメリカに留学していた時、子どもの自立性を重視するモンテッソーリ教育の学校現場をリサーチしたことがある。その際に、強調されていたのは、「良い教育というのは、親が学校に教育を丸投げすることによって生まれるものではない。子ども、親、学校という三者が役割分担をすることで初めてうまくいくのだ」ということだった。

そういう意味では、子育てが大変な時期に、あえて仕事のペースを落とすのは、子どもと多くの時間を過ごす意味でも必然なのかもしれない。そもそも、入っただけですべてを叶えてくれる学校というのは存在しない。学校・家庭が分担して、子どもの学びをいかにサポートできるかが大事なのではないだろうか。

目の前の子どもと一緒に過ごせる時間はどれだけ残されているか。まずは知ることから始めてみてはどうだろう。

軽井沢で変わった子育ての環境

さて、ここまで教育全般の話をしてきた。僕自身、仕事のペースを落とし、子どもとの時間に使うようになって、生活にどのような変化が訪れたか。学校というファクターを超えて、自然が近い環境で子どもを育てるということについても触れておこう。

変化1：家族でいる時間が増えた

変化2：車で移動するため遊びに行くのが楽になった

変化3：運動する機会が増えた

変化4：友だちの家へ遊びに行く機会が増えた

ひとつ目の変化は、家族でいる時間が増えたということだ。

軽井沢で暮らしていると、在宅か、カフェで仕事をすることが多い。夕方5〜6時には仕事を切り上げて、保育園に迎えに行き、時には夕食をつくる。東京時代のように、外でのイベントや飲み会が少ないからこそ、家族との時間は必然的に増える。

2つ目は、車生活に変わったことにより、家族の移動範囲が劇的に広がったことだ。東京に暮らしていた時の移動手段は、電動自転車だった。保育園の送り迎えだけでなく、週末も、自転車で行ける範囲の公園を訪れる。車という移動手段は、二人の子どもがいる家庭にとって、機動力が大きく上がることを意味する。子どもたちの遊び場の範囲も、長野県内にとどまらず新潟などの他県まで広がり、体験させられる幅も広くなった。また東京では電車の中で子どもが泣くと、時に迷惑だと思われ、周囲の視線にいたたまれなさを感じるが、その心配がないのもストレスがかからない。

3つ目は、運動する機会が増えたということだ。
地方の保育園は、園庭が広い。縄跳び、竹馬、ドッジボールの外遊びをする機会が圧倒的に多い。娘の運動会で、竹馬で園庭を歩くのを見て、驚いたものだ。近所の公園でも、スルスルと木登りに興じる。身体の使い方や、体幹をつくる上で良い土台になりそうだ。さらに冬のシーズンには、ウィンタースポーツが加わる。車で10分で、軽井沢プリンスホテルスキー場にアクセスできる。町民であれば、小学生は格安でスキースクールに入ることができる。1時間圏内にも、パラダ、アサマ2000、湯の丸などのスキー場が複数あるため、公園に行く感覚でスキー場に行ける。スケートも同様だ。長野に住んでいなければ、こんなにもスキーやスケートに行くことはないだろう。寒さに慣れて、運動する頻度も多く、体の芯が強くなる環境なのではないかと感じている。

最後の変化は、友人の家で遊ぶ機会が増えるということだ。

東京にいた時は、幼稚園と自宅の往復がほとんどで、友だちと遊ぶのは、近所の公園でたまたま会った時に限られていた。しかし、軽井沢に来てから、長女はお友だちの家で遊ぶ機会が劇的に増えた。お泊まりに行き来する機会も増えた。イギリスでは、学校帰りにそのまま友人の家に行くことをPlaydateと呼ぶらしいが、まさに、学校で友だちと遊ぶ約束をして、そのまま友だちの家に行く機会が頻繁になった。自宅のインターフォンが鳴り、開けてみると子どもの友だちが「こんにちは〜！」といって突然現れるということも日常茶飯事だ。

このように、子育て環境という目線で見た時、自然のある場所にメリットは多い。

だがもちろんデメリットもある。

・「勉強しなきゃ」というプレッシャーが少ない。僕らはそれをメリットに感じているが、学力をつけるという目線で見たときに競争は激しくない。

・習い事の選択肢が限られる。

・高校以降の教育の選択肢が限られる。

・学校が遠いため、子どもの送り迎えが車になってしまう。子どもが歩く機会が減ったり、友だちと一緒に下校しながら道草したりするスペースが減る。

とはいえ、これらは、子どもがまだ小さいうちはあまり気にしなくても良い範囲のデメリットという印象だ。自然豊かな環境で育つことが、統計的に子どもの発育に良い影響を及ぼすのか、そのエビデンスは正直わからない。だが、大人の体感としては、心のスペース（余白）を広く感じながら、日々を過ごせる環境なのは確かだ。

移住の条件はあるか

移住を実現できた人というのは、外から見たら、楽しいことばかりの日々を送っているように見えるかもしれない。だが住む場所を変えればすべてが解決！　バラ色の未来が待っている、というわけでは、もちろんない。ある程度の準備やマインドセットを整えて移住に向かうことが、無謀な失敗を防ぐひとつの方策になるだろう。

では、どのようなことを準備しておくべきか。

現在都心部に住んでいる人から実際によく聞かれる問いについて、考えてみたい。

まず、移住しやすい年齢はあるのか、について。

子どものいる家庭だと移住の難易度は上がると思いがちだが、必ずしもそんなことはない。僕の周りでは、幼児から小3くらいまでの子を持つ世帯の移住が目につく。小4以降になると、子どもの人間関係ができあがってくる時期なので、動きにくくなる。子どもが生まれて、1年半くらいの期間も母子の健康を考えると負担が大きすぎるが、それ以降はむしろ移住を具体的に考えるべき好機でもあるといえる。「子はかすがい」というが、子どもがいることで家庭の優先順位が明確になり、夫婦の合意形成がはかりやすいというメリットはある。

また、仕事やキャリアと比べても、家族の課題を考える機会というのは意外と少なく、「家族のベストなライフスタイルってなんだろう?」という問いに真剣に取り組む非常にいい機会となり得る。そして、家族のビジョンが見えてくれば、ドライブがかかり、移住までの工程は一気に進む。「教育移住」という言葉がホットトピックになる理由もそのためだろう。

次に移住が多い年齢は、末子が大学入学をすませ、子育てがひと段落した夫婦だ。こちらは、教育という要素を考える必要がないので、より自分たちの憧れの場所に思い切って移住してしまうという人たちが多い。国内に限らず、マレーシア、フィリピンなど安くて住みやすいアジアの国を移住先として目指す人も多いのがこの世代への印象だ。

かつては軽井沢に移住してくる人たちは、定年退職をした後の60～70代を当地で過ごし、70代後半になると都心に戻っていくという流れが多かったようだが、仕事がリモートでできるようになったことで、40代後半～50代の夫婦にもこの選択肢が出てきているように思う。

では、20代・独身には向かないかというとそんなことはない。

20代前半の人たちが、地域おこし協力隊などに飛び込んでいく様子を見ると、年齢の壁はさほどないのではないか、と考えている。むしろ実績の乏しい若い人であっても、地方の「余白」を見つけ、それを開拓できる人は向いているだろう。東京と比べて、地方には競合が少ない。自らプロジェクトを立ち上げて、積極的に発信していける、勝負していきたいというマインドの持ち主には向いている。

どこでも働ける「デジタルノマド」化できる職種と、価値を創造できる「クリエイティブクラス」である（になろうとする）人は有利だといえる。

もうひとつ条件があるとすれば、その人が「何を価値と思えるか」が鍵になる。自分自身にとっての充足感、今の暮らしを味わえることに価値を置く人だ。一般的な言葉に置き換えると「ウェルビーイング」。他人と比較し、より高い年収や地位を上げていくゲームの代わりに、ある程度の金額を稼いだらそれ以降は自分の充足感にシフトしていきたい、と考えている人は移住というライフシフトには向くだろう。

コラム

移住に伴うストレスの処方箋

移住や住まいを変えた人の多くは外から見たら、移住ハイで楽しいこと100%の日々を送っているように見えるかもしれない。しかし、実際に移住をしてみると大変なこともひそかに多い。完全にハネムーンモードで浮かれていたのは数ヶ月くらい。最初は、朝起きて浅間山の景色を見るだけで、子どもたちを保育園に送る途中に道草を食ってカフェに寄るだけで、散歩している途中に鳥の囀りを聞くだけで、週末は片道1時間で長野県内の小旅行に行くだけでワクワクしていた。

しかし、半年を過ぎるとハネムーン期間は終わった。

僕の場合は、まず、梅雨の時期になって雨が降ると頭痛がするようになった。標高1000メートルを超える高原である軽井沢は、低気圧の時には頭痛を感じる人も多いらしい。また、避暑地であるイメージとは裏腹に、湿度が高く雨が降っている時には90%を超えるほどで、その時期は夜眠れない日々も続いた。土地に合ってないのではないかと悩み、引っ越して本当に良かったのか、と悩む日々が続くことになった。移住した後に、軽井沢町内のお医者さんに聞いてみると、移住した後、家族の誰かが体調や心の調子を崩すケースは珍しくはないらしい。

僕と同じように都心から軽井沢に移住してきた男性からは、こんな話をされたことがある。

「子どもの教育のことを考えて移住してきたけれど、前に住んでいた地域が好きで思い入れのあった妻は、まだ戸惑っているように感じる。妻は車の運転ができないから、移動が思うようにならないのもストレスみたいで……」

「どうしても、移住先で良い賃貸が見つからなかったので、古くて狭い賃貸に住んでいる。以前首都圏に住んでいた時と比べて生活の質が下がり、冬は寒いしちょっとうんざりしている」

外から見たらキラキラに見えるかもしれないが、実際のところは、移住によって起こる変化への適応は鬼門だ。

心理学的には住む場所を変えることは、それだけでもトップ5に入るストレス要因になり得る大きなインシデントだと言われる。実際のところは、心身に掛かる変化の負荷はかなりのものであり、もし家族で移住する場合、一人一人がそれぞれこのプロセスを乗り越えなければならない。

変化が大きくなれば、家族や夫婦関係のバランスも変わってくる。我が家の場合、家族の生活は大きく変わったけれど、僕は東京の仕事を継続している。もし仕事も現地で探して、新しく始めるとなったら、大きなストレス要因となると想像できる。妻との関係性も変わり、摩擦が起こりやすくなる可能性もあるだろう。夫婦の片方は会社がテレワークに積極的で仕事のつながりを継続できるけれど、もう一人は仕事を辞めざるを得なかったというケースは現実にありえる。仕事が変わったり、仕事を失った時に新しいことに挑戦しようと資格取得を目指すが、都会での人間関係やコミュニティを失い、家で塞ぎ込みがちに。そして、家では夫婦で過ごす時間が必要以上に増えて、夫婦の関係性のバランスが崩れてしまう。そんなケースもある。

また、友人の家族では、教育移住をしたものの、当のお子さんが最初は学校に馴染めずに辛い思いをしているというケースもあった。子どもは環境の変化に強そうに見えるが、子どもも親と同様に変化に対して頑張って適応しているのだろう。自分の家族の場合は、最後、長女に軽井沢と東京どっちに住みたい？　と聞いた。結果、「軽井沢に住みたい」という本人の意思があったので、それで引っ越しを決めたことになっている。自分で決めた感、というのがあることで、ある程度この移住に伴う変化のストレスを乗り越えるマインドセットは磨かれるのではないか。

僕のケースに戻ると、移住2年目になり、軽井沢の四季の変化を一通り経験してから、少しずつ環境に慣れてきたように思う。週に1~2度東京に出ることで、気分転換することや、海のない夏を楽しむために夏休みに南の島に旅行に行くなど、新しい環境で楽しむ方法を次第に工夫して作れるようになってきて変わりつつある。

移住前は考えもしなかったが、移住というのは家族全員が同時にトランジションプロセスに入っていく。移住によって家族全員がハッピーな状態になるとは限らないが、トランジションのプロセスでは心が不安定になるのは、むしろ当たり前だと思った方が気が楽かもしれない。その中で生活を続けるのは苦労もあるけれど、こうしたプロセスを経てこそ、新しい人生に出会っていくのかもしれない。

第4章 「じぶん時間」を取り戻す

『時間とは、生きることそのもの。
人のいのちは心を住みかとしている』
モモ

東京から離れて気づいた自分の参加していたラットレース

第3章では、コロナ禍をきっかけに軽井沢に移住し、ライフスタイルを変えたことで、僕の家族に起こった変化について考察してきた。これは、移住によってライフスタイルが変わったというだけなのかもしれないが、一方でもっと大きな流れの中の一部にいるような気もしている。

第1章の「内省」の問いに戻ってみよう。

コロナ禍前、東京に住んでいた僕は、常に競争しながら成長を求め続ける資本主義をラットレースと比喩し、新たな生き方のモデルを模索していた。ちょうどその頃は、成長を求め続け、人と会い続ける生活に疲れが来ていた時期とも重なる。

世界的に見ても、東京は世界最大級のメガシティにして（関東圏を入れると3000万人規模）、とても便利な都市だ。公共交通機関が発達し、繁華街が数多く存在して、エンターテインメント施設へのアクセスもよい。お金さえあれば、何でも楽しめる。逆にいうと、お金がないと楽しめないのが東京という都市でもある。だから、都市生活を続ける以上、僕たちはより多くの収入を求め、他の人と競争し、成功を求めて頑張っていく。1日に5件、6件のアポを入れ、満員電車ではスマホでニュースサイトやSNSをチェックする。この生活は、終わりのない成長ゲームに向けて走り続けるハムスターのようなものだ。移住前の僕は実際そう思うようになっていた。実際、みんな「時間がない」「忙しい」と感じ、「時間というのは最も希少な資源だ」というのは常識だという感覚だ。

移住後、僕の日常に起こった変化について発信したり、話したりすると、意外なことにヨーロッパの都市、ロンドン、アムステルダム、ストックホルムなどに移住した友人から、「自分の移住後の生活と似ている」といわれる。彼らは口を揃えてこういうのだ。

「東京はとにかくスピードが速い街だ。その理由は、便利だからだと思う。ヨーロッパに移住することで、不便になったけど、それだけ多くの予定を入れられない分、時間をゆったりと過ごすことができるようになった」

僕らは等しく1日24時間の時間を持っている。でも、時間の過ごし方は、人次第だ。そして、その時間の過ごし方の体感は、「いる場所」に影響を受けているのだ。僕が軽井沢に移住したことで変わったこと。

それは、東京で日々感じていた「もっと」を目指してラットレースを走り続けるゲームから下り、そして、自分のペースで歩んでいく「じぶん時間」を過ごすようになったことなのではないか。

人が密集しておらず、自然の中で過ごすと、人との比較ではなく、自然と向き合って生活するリズムになる。移動も車になるため、時間が読めず、東京に住んでいた時のように5分刻みで動いていくようなことはできない。移動先で、10分くらい余った時間を過ごすことも多い。参加できるイベントが少ないということもある。1日に2件、3件と展示会や映画をハシゴするような生活も東京時代は当たり前だったが、今はひとつのエンターテインメントでじっくり楽しむというマインドセットになる。

ここでのポイントは、「他人」という存在が目に入りにくく、競争の感覚が薄くなるということだ。他人からのプレッシャーを受け、時間に追い立てられて過ごしていく感覚も減っていく。一方で、ちょっとした自然の変化に敏感になり、毎日を自分のペースで過ごすようになる。自分の身に起こったトランジション、それは、「時間感覚の変化」だったのだ。

他人の目からの脱却

僕は地方移住をしたことで、この時間感覚の変化を極端に体感しているのかもしれない。しかし、この変化は、果たして地方移住の人だけに起きていることなのだろうか。コロナ禍を経て、僕たちの社会全体における「何を良いと感じるか？」という価値観に変化が起きつつあるのではないか。

たとえば働くという目線では、給料が高くなくても社会的意義のある事業をやっている会社に就職したいという人が増えている。それは、自分が過ごしている時間が社会とつながっている感覚を持ちたいという流れではないかと思う。

また、サウナは爆発的なブームになった。サウナに入っている時間というのは、たっぷりかけると2時間近くになる。それだけの時間を使って、ゆっくりと瞑想をしながら、自分の身体感覚を取り戻していく。これも自分の身体が感じる時間感覚に戻る行為だ。

キャンプのブームもそうだろう。多くの人が、キャンプに出かけ、テントをはり、焚き火の火を眺め、自然の中で友人と対話してぼーっとする時間を過ごす。キャンプは、わざわざ快適ではない環境の中にテントを組み立て、終わったら解体する、という効率性とは程遠い活動だ。そこには、自然とつながってゆっくりした時間を感じたいという欲望が表れているのではないか。

スポーツでいうと、最近はゴルフの人口が増えているという。ゴルフも最低半日はかかるアクティビティだが、雄大な自然の中でゆっくりとした時間を友人と過ごすことが若い人の中でブームになってきているという。

これらは、一言で言うなら、他人のペースに合わせて過ごす「他人時間で生きる時間」よりも、自分の身体が感じるペースで今・ここの瞬間を楽しむ、「じぶん時間を生きる時間」に、より渇望が強まっている動きなのではないかと思う。コロナ禍が引き起こしたテレワークなどの働き方の変化、それに伴う人間関係や住居、ライフスタイルの大転換。それらはすべて「自分の身体が感じている感覚を取り戻す」という社会のトランジションに、僕たちが入っていることを表しているのではないか。

もう少し詳しく説明しよう。

次ページの図を見てほしい。

テレワークが浸透し、オンライン会議が仕事の主流を占めるようになると、プロジェクトの進め方に濃淡が出てくると感じたことはないだろうか?

これまでの職場では、すでに場ができあがっていて、人々は「場に役立つ行動」をとることが求められる。つまり、周囲の「空気」が支配し、場の規範によって、自然に動くという「Outside-in 型」の行動パターンだ。

しかし、仕事の場が、職場からオンラインに移行すると価値基準が「外の規範」から「内の価値観」に向いてくる。ベクトルが180度変わるのだ。自分に向き合った、いわば「Inside-out型」の行動パターンになる。自分がやりたいと思えない他人事の案件は、なかなか進まない。一方で、自分がやりたいプロジェクトはどんどん進む。進捗を左右するものが、場の「空気」から、個人の「内発的なモチベーション」に移行してしまっているのだ。思い当たる節のある人もいるのではないだろうか。これは、テレワークにより、場所のくびきが外れてしまった現在の日本における、不可逆的な変化だといえる。

ここで起きていることこそ、他人時間からじぶん時間へ、という変化だ。他人と比較して生きる、から、自分の尺度で生きる。具体的にいうならば、他の人とのやり取りの中で生まれたTo doをこなす生き方から、自分の内的な感覚を頼りに、やりたいことに集中し、それ以外を捨てるという生き方への変化。

時計時間から、身体的な時間感覚への変化。

「そんなことは、幻想だ。日々やることで目が回りそうな自分にとっては関係ない」

そう思われる人もいるかもしれない。

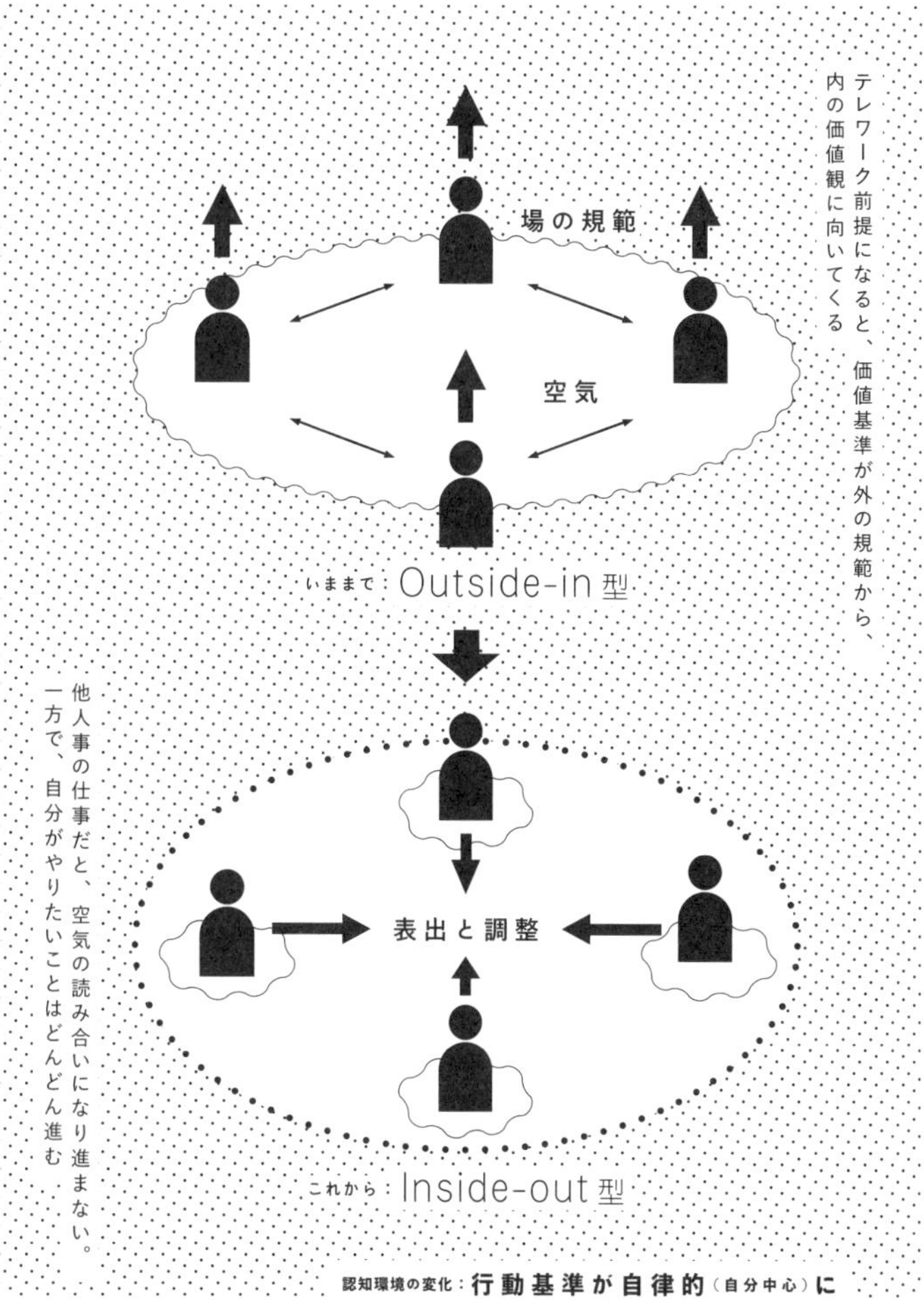
テレワーク前提になると、価値基準が外の規範から、内の価値観に向いてくる
場の規範
空気
いままで：Outside-in型
他人事の仕事だと、空気の読み合いになり進まない。一方で、自分がやりたいことはどんどん進む
表出と調整
これから：Inside-out型
認知環境の変化：行動基準が自律的（自分中心）に

しかし、実際に、統計をみると、コロナ禍をきっかけに僕たちは自分の裁量で過ごせる時間が圧倒的に増えたというデータがある。「セイコー時間白書２０２１」によると、自分の裁量で時間を過ごせるようになったという人は47%にのぼり、増えてよかった時間としては、1位が趣味の時間、2位が家族と過ごす時間、3位が食事の時間となっている。自分で使い方を決められる時間が増えていることを歓迎している人は56%だ。[*6]

僕はかつてサラリーマン時代、品川駅で降りて、毎日、同じ時間にオフィスへ向かって出勤していたが、そこでの光景はまさに「他人時間」を生きる人の象徴だったように思える。数百メートルもの長いコンコースに、通勤のための長蛇の列ができる。顔色ひとつ変えずに、似たようなスーツに身を包んだサラリーマンが、同じ歩調で歩く。僕は、その中に混じりながら、自分が資本主義の「部品」になったような感覚を味わっていた。

「24時間働けますか?」という宣伝コピーに象徴されるように昭和の時代は、他人の時間で生きることが当たり前の時代だった。

だが、時代は変わった。

イーロン・マスクは「週に40時間は出社せよ！」と大号令をかけ、物議をかもしたが、週40時間の出社がブラック企業か？　という議論になるほど、僕たちに課されている制約は下がってきている。他者のモノサシにしたがって出社させることは、社会的にハードルが上がっている。極端なことをいえば、テレワーク時代は「会社にいくかどうか」を自分で決めるのが、当たり前になりつつある。他者から決められた「ルーティン」がない。出社するかどうかの意思決定を自分の軸で行う。「じぶん時間」は、自分の意思で増やすことができる。それが今の時代なのだ。

クロノス時間とカイロス時間

それでも、僕たちは、忙しい日々を過ごしていると思い込んでいる。セイコー時間白書によると、「時間に追われている」と答えた人の割合は70％程度で、「1日24時間では足りない」と答えた人の割合も56％を占める。しかし、実際には、総務省の社会生活基本調査によると、1996年と2016年を比較すると、男女ともに余暇時間は週40〜60分程度増えているのだ。[*7] 物理的に時間は増えているのに、僕らは時間に余裕がある生活をしているとは思えない。一体何が起こっているのだろうか。

ギリシャ時代に遡ると、時間とは2種類あるとされていた。時計によって刻々と動いていく定量的で数えられる時間である「クロノス時間」と、身体で感じる主観的な時間「カイロス時間」だ。クロノスとは、現在を中心にして、過去から未来へと直線的に流れていく時の流れのことをいう。それに対して、現在という瞬間、つまり「今・ここ」に意識を向けた時間意識をカイロスという。

瞑想に代表されるマインドフルネスは、未来のことを考えずに、「今・ここ」に意識を向ける。世の中には様々なマインドフルネスの方法があるが、その共通点は、呼吸に意識を向けるものであることが多い。この理由は、身体が感じている「今・ここ」に意識を向けるようにするためだ。これは、カイロス時間への切り替えをするためのひとつの方法だろう。瞑想のようなアプローチをとらなくても、日常の中でカイロス時間に入ってしまうこともある。フロー状態という言葉があるが、没頭して絵を描いたり、何かをつくっている時間というのはあっという間に過ぎてしまう。これは身体が感じている内的な時間の知覚によるものだ。そして、重要なのは、カイロス時間というのは、幸せを感じる時間の使い方だということだ。

思えば、僕は東京で常に忙しさの中で生きていた時、少しでも自分のペースを取り戻したいともがいていた。携帯をカバンの中に入れたり、瞑想をしたり、あえていつもの半分のスピードでゆっくり歩いたりして、少しでも身体で感じる「じぶん時間」を取り戻したいと思っていた。

ビルに囲まれ、街には広告があふれ、満員電車で移動する環境の中では、身体に多くの情報が浴びせられる。その不快を避けようとして、僕らはスマホの画面に逃げる。しかし、そのスマホの画面こそ、僕らの注意を引くためのあらゆる仕掛けが揃っている。スマホの情報は、脳のドーパミン製造装置だ。麻薬のように次なる刺激を追い求めてスクロールし、タップしていく。しかし、考えてみれば、これらはすべて他人発の情報であり、僕らはそれにリアクションし続けている。こうして、僕らの時間は「他人時間」で満たされていく。当時ニュースアプリで活躍していた野村高文さんは、「狭いスマホの画面であらゆる情報が自分を見て！ とアピールしている状態」と現状を表現されていた。その違和感に突き動かされ、彼はスマホの活字情報ではなく、音声メディアにキャリアをふるという決断をされたそうだ。

この生活の中には、自分の身体が何を感じているか、自分の心が何を感じているか、じっくり意識を向ける「余白」はない。必然的にそこに「じぶん時間」は存在しない。

そんな中で訪れたのがコロナ禍と、テレワークだった。

実際、数少ない身体的な時間だった対面でのミーティングやワークショップまでオンライン化された時、僕の精神は限界を迎えた。このままでは生きた感覚を取り戻すことができない。そう思うようになった。

軽井沢に拠点を移して生活をするようになったことで、ゆるやかに「じぶん時間」へのシフトが起きた。オンラインミーティングに合わせて、時間を過ごしていくということは変わらないけれど、自分主体の時間を過ごす割合が明らかに増えた。なぜか。テレワークスタイルで暮らすことの一番の大きな変化は、他人とペースを合わせるのではなく、自分の体内のペースで過ごすカイロス時間の増加、つまり自分が起点での時間が増えるということだからだ。

外を歩くと、空や山が見えて気持ちがいい。人は、雄大な自然の前には、畏怖の念を感じ、時間がゆっくり流れるように感じるという心理学的調査もあるくらいだ。気を逸らされる広告も目に入らない。人も少ないし、移動も車なので、自分のペースで時間を過ごせる。このような時間の過ごし方をすると、自分と向き合う時間が長くなる。「余白」が生まれ、必然的に自分の中からやりたいことが湧いてくる。こうした時間の余白を感じる感覚こそが、実はクリエイティブなスペースの確保という意味で必要不可欠なものだ。

大切なのは時間をコントロールする感覚

時間については様々な研究がある。たとえば、時間感覚の研究で有名な社会心理学者ロバート・レヴィンは、「クロックタイム」と「イベントタイム」という考え方を提唱した。

世界中でフィールドワークを行った彼は、土地によって時間の認識が異なり、人々が知覚している時間は「クロックタイム」と「イベントタイム」という2つに分類できるとした。クロックタイムは、アメリカ、ドイツや日本に多い時間のとらえ方で、

「朝8時に起床しよう」

「昼食は12時」

など、時計の表示にしたがって生活を組み立てていく考え方だ。それに対して、「イベントタイム」とは、南米や東南アジアに見られる時間の過ごし方で、その時々に起こる出来事に対応する形で時間を過ごすという。

「お腹が空いたからご飯を食べる」

「目的が終わったので会議を終える」

というような時間の過ごし方だ。


HEC経営大学院のアン＝ロール・セリエらの研究では、600人の男女を対象に、クロックタイムかイベントタイムのいずれかで日常の雑務を行うように指示した上で、全員のメンタルと目標の達成度を見たところ、時計に頼ってスケジュールを決めた人ほど現在の自分に満足できず、ポジティブな感情を味わう量が少なく、創造的なタスクが苦手な傾向が見られたそうだ。


この感覚の違いは、みなさんも一度は実感されたことがあるのではないだろうか？

同じタスクでも、1日30分刻みでいちいちプロセスを指示されたものをこなしていると、機械になったような感覚になる。自分の時間をコントロールしているという感覚を持ちにくい。同じタスクでも、最終的なゴールが教えられて、その中で時間配分を自分で決めていくと自分のペースで仕事ができるという感覚になる。

オフィスワークと在宅ワークの時間の流れ方も、実はこの違いがあるのではないだろうか。オフィスにいるときは、常に他の人の存在を意識しながら仕事をする。自分自身が完全に裁量を持って、時間を過ごすことはできない。それに対して、在宅ワークの場合は、ミーティングが入っていない時間はベンチマークがないので、目標に合わせて、自分なりにプロセスをコントロールして進めることができる。

実は、オフィスワークと、テレワークでは、自分の時間の流れ方が大きく変わりうる。個人的な感覚だと、週3日以上テレワークをしている会社が転職先としても人気が出てきているように、仕事時間の過半以上でテレワークが可能になっていると、自分のペースで過ごすことをベースに生きる感覚が持てるのではないかと思う。企業の中ではオフィスワークに戻す動きと、完全フレックスにする動きが二極化している。週の半分以上をオフィスワークにするかどうかで社員の生き方にも影響が出てくるだろう。

「タイムイズマネー」は本当か？

時間のとらえ方の変化は、日々の充足や幸せという意味でも重要だが、社会としても重要になっていくだろう。

「タイムイズマネー」という言葉がある。ビジネスの世界においては、「時は金なり」であり、時間を効率的に使うことは当然のことと考えているだろう。実際に、ビジネス書でも、時間をいかに効率的に使うかという時間術の本が数多く出版されている。この言葉は、18世紀にアメリカの政治家ベンジャミン・フランクリンが「若き商人への手紙」というエッセイの中で使ったものだが、この言葉の前提には、当時の資本主義経済の発達がある。つまり「時間には利子がつく」。そのため、時間を無駄にすると機会損失が起こってしまうという考え方だ。

タイムイズマネーの考え方を前提にすると、自分が使っている時間が何かを生み出しているか？という発想が生まれる。何も生み出していないとなると、僕らは罪悪感を持つ。

生産性という考え方もそうだ。生産性というのは、

生産量÷時間＝生産性

という式で測られる。つまり、母数である時間が増えれば増えるほど、生産性は落ちる。だから、僕たちは「時間を無駄にすることはマイナスなことである」という認識を持ってしまう。しかし、ここにも、資本主義経済の特徴でもある、資本が金銭的な収益を生み、成長し続けることが正であるという前提があるだろう。

実際に、社会人になったときに、真っ先に教えられるのは時間を無駄にしないことだ。メールは早く返す。仕事は計画的に、早めに終える。1日でも早く終えれば、それだけ仕事の価値は高まる。1分でも打ち合わせに遅刻しようものなら、時間泥棒の誹りを免れない。僕は独立してからコンサルティングの仕事をしていたので、なおさらこの「生産性」という考え方を突き詰めてきた。プロフェッショナルとは、時間に価格をつけて、それをクライアントにチャージする形で仕事をすることだ。時間を無駄にせず、生産性を上げることは、価値を高めていく上で必要だと。

しかし、生産性を上げるゲームを続けると、心身が耐えられなくなる。デザインファームのような業態の場合、生産性だけを突き詰めて、無駄がなくなると、新しい発想が生まれなくなるし、「面白いものをつくろうぜ」というエネルギーも枯渇してくる。生産性を上げ続けるゲームは、自分が情報社会における「生産する機械」になった気持ちになる。

でも、僕たちは人間だ。

常に、同じ生産性を保てるわけではないし、気分が乗らない時もある。むしろ、適度に休憩したり、サボったり、現実逃避に時間を使ったほうが、結果的に、何かが閃くということもある。特に、新しいアイデアを生み出すクリエイティブな仕事にとってみると、生産性を突き詰めすぎることは、創造力の枯渇を招く危険性もあると思っておいたほうがいい。

資本主義社会をリードするアメリカでは、高収入の人ほど長く働くことが当たり前になってきた。しかし、過去50年間で初めて、2019〜22年の比較で、高学歴、高収入の上位10%の男性は、77時間も労働時間を減らしたという。日本でも、労働時間の平均が2015年と比較し、1日平均7時間52分で、30分以上短くなったといわれている。[*8]生産性や、経済的成功そのものはより良い幸せをもたらさないのではないか？　という内省が生まれ始めているといえるだろう。

「幸せ」という目線でいうと、年収800万を超えると、幸せは増えないというデータがある。むしろ、ある一定以上の資産を持つと、それだけ人間関係でのトラブルなども起こりやすく「資産が増える＝幸せ」ではないと感じるケースも多い。必要以上にお金を持つために働き続けるという資本主義社会の中で僕らは生きている。だが「その前提って正しいのだろうか？」という疑問と同時に、タイムイズマネーや生産性という考え方も、「それはそれで大事だけど、それだけで測るのは偏りすぎなのでは？」という考えも出てくる。

「成長」のない世界で生きる

今後の世界の課題のひとつは、いかに80億人を超える世界人口を抱えながら、地球自体を持続可能にしていくかであろう。この流れの中で、経済成長のスピードを上げていくことは、地球環境資源の量とのトレードオフがどうしても生まれてくる。持続可能に回していける範囲のスピードで成長していくことが必要なのだ。持続可能性が大事になる時代、時間という概念はどのように変わっていくのだろうか。

昨日よりも今日が成長しているという直線的な世界観で生きている以上は、時は金なりという感覚からは逃れられない。僕らが、学校で勉強という名の苦行をする必要があるのも、現在の努力は、未来において大きな価値を生み出すという考え方がベースになっている。それは、世界は成長するし、より良い未来の成長のために、今を犠牲にする方が賢いぞという考え方だ。

しかし、未来を「持続可能」に、という発想でとらえるとこの考え方にも変化が生じてくる。

持続可能な世界というのは、「定常社会」とも言い換えられる。明日は今日と劇的に変わらないし、その中で暮らしていくということだ。一見、この話を聞くと、つまらないと思われるかもしれない。しかし、明日が今日よりも成長するし、だから、その時間を効率的に使わないといけないという世界は人類史的に見ると必ずしも当たり前、ではないのだ。


ヒントになるのが、近代以前の人々の時間感覚だ。近代以降の僕らは、過ぎ去っていく時間を、不可逆な直線的なものとしてとらえている。しかし、近代以前、人々は、時間を円環して繰り返すもの、という感覚でとらえていた。社会における経済成長という考え方がなかった時代は、時間というものは日々、1年ごとに、何度も繰り返すものだった。同じカレンダーでも二十四節気や、七十二候などの季節をベースにした時間のとらえ方は、この円環的な時間に近いのではないかと思う。

昨日と今日が変わらず、繰り返していく、という持続可能な世界に生きるようになった時、僕たちの時間のとらえ方も変わっていくのではないか。

日々が繰り返しの中で過ぎていく中で、未来から逆算して今の時間を過ごすのではなく、むしろ、今この瞬間に生きている感覚に意識を向ける。自分自身の昨日との変化や進捗に意識を向ける。季節のちょっとした変化に目を向ける。未来のことを考えずに、今・ここを味わう時間感覚。派手じゃないかもしれないが、むしろ微細な違いを感じ、愛《め》で楽しむような時間の感覚が、大きく成長しない時代をより豊かに過ごす心持ちなのではないか。そしてこれこそが、持続可能社会へのトランジションに生きる僕ら一人ひとりが、意識して生み出すことのできる「トランジション」なのではないか。

軽井沢で暮らす中で感じた、自然のリズムの中で、繰り返す日々を自分のペースで過ごしていくという時間の過ごし方は、この円環的な時間感覚を自分自身が持ち始めたということなのではないかと思っている。

「未来のため」に時間を過ごす

思えば、僕は小さい頃からずっと、無駄な時間を過ごさず、未来のために時間は有意義に使わねばと生きてきた。小学校3年くらいまでは、夏休みに故郷である鹿児島の山の中で虫捕りをして過ごすのが好きな子どもだったが、小学校4年生に塾に行き始めてからは、未来の良い結果のために勉強することが当たり前の生活になった。中高一貫の学校に行ったら、良い大学に行くために勉強したし（大学生活では入学当初こそ羽を伸ばした時期もあったものの）、就職活動を意識していろいろなバイトをこなした。就職してからも同様に、未来のキャリアのために今を有効に過ごすことを常に意識してきた。

あらゆる時間を、未来の自分や誰かのために有効に過ごすことありきだったし、ダラダラしている時間に罪悪感を覚えることすらあった。この時間の過ごし方の感覚が、コロナ禍と軽井沢移住を経て、徐々に変化してきた。

「より良い未来も大事だけど、それ以上に今ただ過ぎていく時間に意識を向けて生きる」

森の中を散歩する。

朝、仕事を始める前に、一杯のコーヒーを飲み、瞑想する。

今、過ごしている時間を感じる。
そして、体が発している声を聞く。
自分に何かが降りてくるのを待つ。

決して、生産的ではないかもしれない。けれど、意識の向け方でその時間は豊かな時間になりうるのだ。

とはいえ、このような時間の過ごし方をして本当にいいのだろうか？「コスパ」や「タイパ」など生産性の考え方に慣れ親しんだ僕としては、どうしても罪悪感が残る。

そんなことを思っていたときに、一つの考え方に出会った。第1章でも紹介した見田宗介氏の『現代社会はどこに向かうか』という著作を再び引用させていただこう。この本では、戦争と革命の世紀であった20世紀の反省から、21世紀に持っておくべき考え方として3つの考え方があると提示している。ひとつ目は「ポジティブ」、2つ目は「多様性」、そして3つ目は「コンサーマトリー」という概念だという。特に重要なのは3つ目のコンサーマトリーだ。これは「現在を楽しむ」という意味で、今行っていることを、未来の目的やゴールに対する「手段」とするのではなく「行為」そのものとして楽しむ姿勢のことだ。20世紀においては手段主義(instrumentalism)という考え方が優勢で、未来にある目的のために現在生きている生を手段化するとされていた。「コンサーマトリー」はこのことと対比されて語られている。

僕らは、無意識に未来の目的のために、「今が効率的な時間の使い方かどうか?」という思考を持ってしまう。見田先生曰く、それは20世紀に優勢だった価値観の遺物なのだ。コンサーマトリーという考え方は、未来の目的を考えずに「今・ここ」を楽しむことの蓄積の中で、結果的に未来が生まれるという考え方だ。この考え方と出会ったとき、これは紛れもなく「じぶん時間を生きる」ということではないかと思った。

たとえば、旅行に行くときを考えてみるとわかりやすい。僕は、つい「何をするためにこの場所に旅行に行くか」を考え、「そのために最適な訪問先」を探しがちだ。しかし、そうやって目的を持って時間を過ごしてしまうと、今・ここを楽しめなくなる。むしろ、あえて目的を設定しない旅行をすることで、自分がそこで何を感じているかに意識を向けることができる。仕事についていえば、どうしても目的やKPIがあった上で動くことが多いので、そういうアプローチでやれる範囲はマイプロ（マイプロジェクト）などに限られるかもしれない。けれど、週末などの休暇の時間も、仕事と同じような感覚で過ごしていないだろうか？　あえて週末を目的なしで過ごしてみるなど、「今・ここ」を楽しむ姿勢というのは、これから僕らにとって大事な時間の過ごし方なのかもしれない。

5分でできるじぶん時間のコツ

テレワークが社会的に受け入れられたことは、コロナ禍で起こった最も大きな社会変化のひとつだったが、その変化は、仕事がどこでもできるという以上の意味がある。

どういうことかというと、在宅ワークによって、「じぶん時間」を過ごすようになった人は、「好き」や「やりたい」と向き合う余白ができた。在宅ワークが中心になって、副業を始めた人も多い。三井物産が副業を全面解禁するなど、大手企業でも副業が受け入れられる土壌になってきているが、副業とは、生計を立てるための本業と違い、自分で好きなテーマを選んで働くことができる、いわば、自分のやりたいことを見つけられるビジョンのアトリエととらえることができる。オンラインで本業、副業、その他のオンラインコミュニティなどに所属しながら、生計と好きなこととのバランスを取っていくというのが当たり前の世界になっていくだろう。

一方で、こんなデータもある。

セイコーホールディングスが2020年6月10日に発表した「セイコー時間白書2020」によると、リモートワーカーの7割以上が「時間のメリハリをつけにくい」と回答(リモートワークしていない人では6割)。さらに、リモートワーカーは、リモートワークをしない人よりも時間が早く過ぎると感じる人が多かったという。

『大人の時間はなぜ短いのか』(集英社新書)などの著書で知られる千葉大学の一川誠教授によると、体験するイベントの数が多いほど、知覚する刺激の量が多いほど、代謝が高いほど時間を長く感じやすいという。

在宅ワークだと、毎日見える景色が変わらないからイベントは少ないし、視覚・聴覚だけの情報で五感に感じる刺激も少なく、物理的に動かないので代謝も低い。だから、ただ、オンラインミーティングだけをして過ぎていく在宅ワークは、むしろ時間が早く過ぎ去ってしまうように感じられてしまうのだ。在宅ワークは、じぶん時間をつくり出すこともできる一方、過ごし方次第では時間の過ごし方を持て余すことになってしまう。今の時代にじぶん時間を有効に使うためにできることを考えてみよう。

1. スマホ・PCの通知をすべて切る

あなたは、スマホ・PCの通知をオンにしているだろうか。昔、ガラケーを持っていた頃は、メールの通知が来るのを楽しみに待ったこともあったが、今は仕事でもTeamsやSlackのチャットが、LINEのメッセージが、そして、使っているアプリが私を見て！ と通知をしてくる。通知に対してリアクションをしていると、常に他人モードに入りやすいトラップが待っている。

基本的に、通知はすべてオフにしよう。僕は、スマホの電話以外の通知機能はすべてオフにしている。

2. ゆっくり深呼吸をして、周囲の景色を見つめる

僕らは忙しい日々を過ごしている。そんな中で、モードの切り替えのスイッチを持ってみてはどうだろうか。じぶん時間に戻るために良い方法が、ゆっくり自分のペースで呼吸に意識を向けてみることだ。目を閉じて、1分間、ただ、自分の呼吸に意識を向けてみよう。するとだんだん、頭のモヤモヤが落ち着いてきて周囲を感じられるようになってくる。そうなったら、周囲の自分の景色をじっくり見つめてみよう。たとえば、空の雲の形をじっくり見てみる。木々の様子を見てみる。そういう時間を経て、あなたはじぶん時間のモードを獲得するだろう。

3. ボディスキャニング

在宅作業の合間に、横になって、リラックスし、自分の身体に意識を向けてみよう。あなたの身体は、あなたが感じていることを教えてくれる。どこか、凝っていたり違和感があれば、そこを触ってみよう。その時に何を感じるだろうか？　そうやって、自分自身の身体と対話する時間をつくることで、自然に自分の身体で感じる時間に切り替えることができる。ヨガをやられる方がいたらそれもおすすめだし、ストレッチをするのでも良い。

4. ビジョン瞑想

空き時間があれば、空を見上げて、自分が「3年の時間と100億円のお金があれば何をしたいか？」を妄想してみよう。人は上の方を見ると、未来のことを考えやすい。もし、窓から空が見えるようであれば、空を見ながら何をしたいかをじっくり妄想してみてほしい。自分のワクワクすることに気づくことも、じぶん時間を過ごすことに役に立つ。

5. 時計から離れる時間を決める

最近は、スマホを常に持ち歩き、スマートウォッチをつけることで、気づけば僕らは常に時計を意識して生きる生活をしている。睡眠まで計測してくれる機能のために、下手したら寝る時にもつけているケースも多いだろう。でも、せめて平日の夜9時以降は、スマホを見ない、時計を見ない生活をしてみてはどうだろうか？　布団に入るのも、時計を見て入るのではなく、自分が布団に入りたくなったら入る、という体験にするだけでも、じぶん時間をつくることができる。

6. ゆっくり歩いて散歩に行く

あえて、自分がよく知っている近所に散歩に行ってみよう。その時に、できればスマホは持たずに、普段の半分のスピードで歩くことを意識してみよう。もしかしたら、最初は退屈だと思うかもしれないが、そのうち、近所に生えていた何気ない植物や、意外な景色に出会ったりする。探究の専門家の市川力さんは、Feel℃ Walk（フィールドワークをもじった造語）という考え方を提唱しているが、目的もなく散歩をしながら、そこで発見したものを収集したり、メモして記録したりしている。小さい子どもがいる場合は、一緒にやるのも良いだろう。真冬の軽井沢で一緒にFeel℃ Walkした際には、近所の葉っぱの落ちた道を歩く時に「冬なのに残っている葉っぱを採集しながら散歩しよう」というテーマを決めて、散歩した。すると、普段の荒涼とした冬の景色だった世界にも楽しみ方があったことに気づくことができた。

7. 自然の変化に意識を向ける

カレンダーを二十四節気や七十二候にすることもおすすめだ。幸い僕らは日本という四季の移り変わりがとても美しい国に住んでいる。スーパーに並ぶ食材にも旬なものがあるし、季節も気づけば少しずつ変わっていく。「こよみ」というスマホアプリは、今の季節がどんな時期なのかというのを教えてくれる。自然のリズムを解像度高く感じて過ごすのも良いだろう。

どうしても「他人時間」で生きてしまう？

日々の過ごし方のちょっとした工夫だけでも、じぶん時間をつくることはできる。しかし、望ましいのは、自分が夢中になれることに集中し、「やらされ仕事」をできるだけ排除することだ。とはいえ、仕事とは自然に降ってくるし、どんどん自己増殖していくものだ。

以前、とある大企業のＤＸチームのビジョンと事業計画の支援をしたことがある。その際に、出てきた課題は、社内のいろいろな部署から求められることに全部応えていると、やることが雪だるま式に増えてきて、自分たちがやりたいことからどんどん遠くなっていくということだった。

この時、マネージャーがいった言葉が印象的だった。

「これは、究極的には『いい人』をやめないとだめだな」

その通りなのだ。

仕事というのはほっといても膨れ上がってくる。

自分が熱中できるものに集中し、それ以外の仕事は勇気を持って断る。もしくは、より優先順位の高いことにフォーカスさせてもらう。そういうことをやらないと、いつまで経っても時間はあなたのものにならない。

しかし、ただやりたくない仕事を断るというだけでは不十分だ。

むしろ、自分が熱中してやりたいことをしっかりと伝えた上で、だから優先順位が低いという形で自分が熱中できない仕事を排除していく必要がある。

あなたが没頭してできる仕事は、あなたがやっている仕事の中でどれだろうか？

その棚卸しをするのに良いワークを紹介しよう。

心理学者のチクセントミハイ教授が提唱したフロー理論では、人は難易度と、自分のスキルのバランスがとれた仕事をしているとフロー状態になりやすいという。

スキルがないのに難易度が高い仕事をしていると不安になり、スキルが高く難易度の低い仕事をしていると退屈になる。

　下の図に、あなたが現在携わっている仕事をプロットしてみよう。そして、できるだけ難易度とスキルのバランスがとれた仕事を優先し、不安や、退屈ゾーンに入る仕事については勇気を持って断るようにしよう。

　自分の集中するべきことが明確になれば、じぶん時間を送るための主導権を自分で持てるようになる。自分が○○に集中したい、ということに気づいていることはじぶん時間を増やす上での大きな一歩を踏み出すことにつながる。

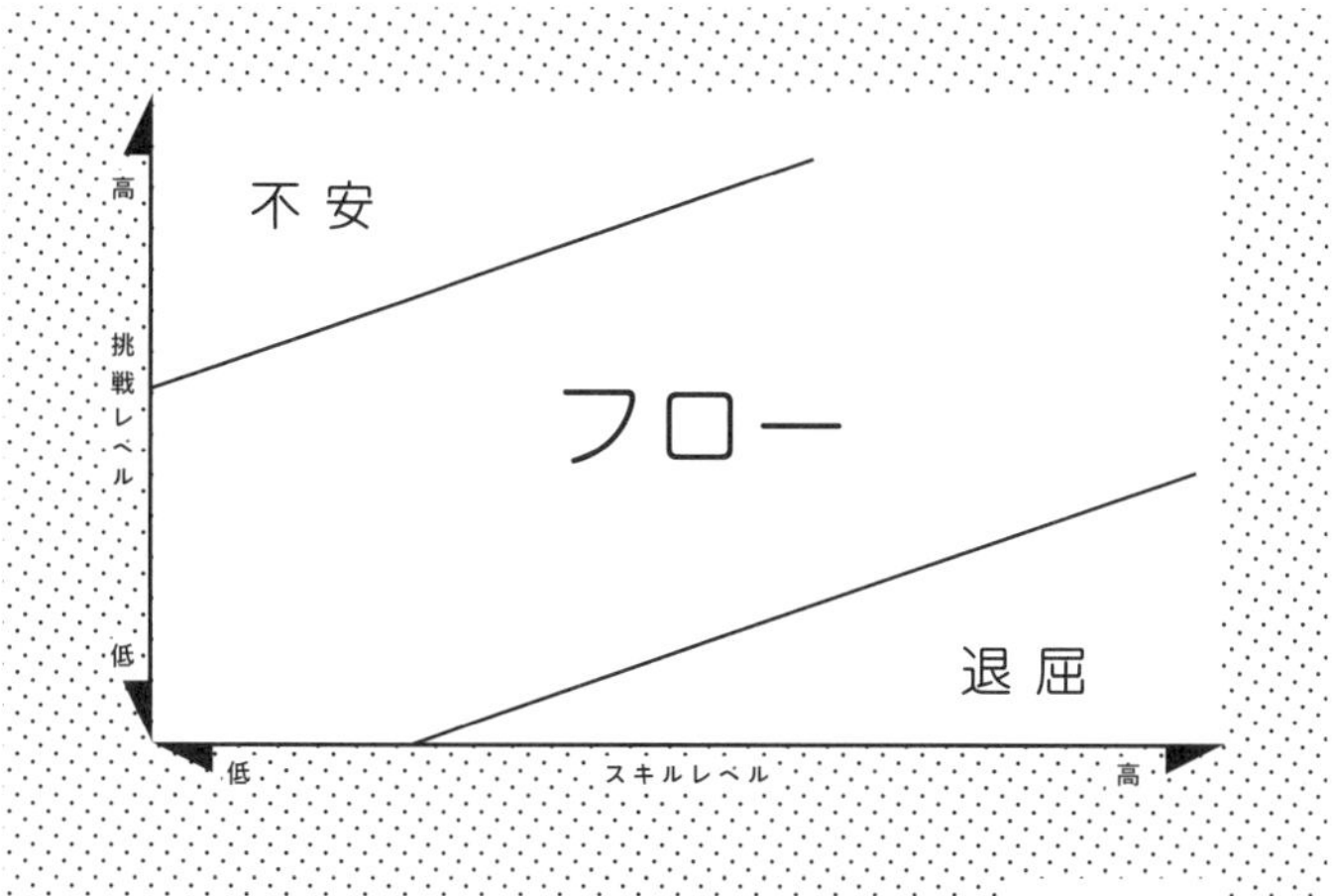

フロー図

最後の決定的なアクション

この時間感覚の変化を経て、僕が新しく始めた習慣がある。それは、手帳を買って、そこに1日の終わりに何をしたか、どのように過ごしたか、その時に何を感じたのか、考えたのかを書き込むという時間を寝る前に取ることだ（買った手帳は「ほぼ日手帳」だった）。

おおよそ20分ほどの時間を使って、

「今日、あったことってなんだっけ？　そこで、誰と会ったっけ？

その会話からどんなことを思っただろう？　何を学んだ？

自分がやりたいことのヒントはなんだったろう？」

などを、ゆっくり、振り返りながら書き出していく。

振り返りの時間を過ごすようになってから、日々「じぶん時間」を味わって過ごせるようになった実感がある。

普段はGoogle Calenderを使っている。会社のスケジュールを他のメンバーと共有するためだ。時間管理がデジタルに移行するのは、今の時代には必然の流れだが、デジタルでのスケジュール管理は、じぶん時間を感じる機会を奪う。気づいたら、他者から知らない予定が入れられており、スケジュールをこなすだけで日々が過ぎていく。そんな毎日が繰り返されてしまうのだ。

2023年3月の「ハーバード・ビジネス・レビュー」にある興味深い記事が載っていた。「紙のカレンダーは捨てないで」というタイトルのその記事には、スマホのカレンダーを使っている人と、紙のカレンダーを使っている人ではどのように行動が変化するかについての研究結果が書かれていた。

紙のカレンダーを使っている人は、以下のような特徴があるという。

1．予定していたイベントに参加する割合が高い
2．プロジェクトの全体像の把握がよりできている
3．予定を実行する割合が高い

スケジュールを紙の手帳で管理するということは時代遅れのように思えるが、自分の過ごす時間、自分の予定を「感じる」ことができる。ほぼ日手帳は、余白が広く用意されているので、スケジュールで起こったことや、そこで考えたことを書いていくと、過ぎていったように思える日々も、自分のものとしてとらえることができるのではないかと思う。

スケジュールについてはもうひとつ、大事なことがあった。大事な予定は先にブロックしてしまうというコツだ。たとえば、仕事の作業時間などをスケジュールに入れておくことで、確実に遂行できるようにしよう、という考え方だ。「じぶん時間」を有意義に過ごすために、以下のようなやり方で、先に予定をブロックしておくといいのではないだろうか。

1．3ヶ月〜半年前に、1〜2週間の空白の時間をブロックしておく。そして、ワーケーション、旅行、こもって執筆、制作などなど、自分がやりたいことに時間を使えるスペースをつくりだす。

2．1週間に半日程度（たとえば月曜日の午前、金曜日の午前）の時間を定期的にブロックする。そして、仕事や副業など、自分のやりたいことを振り返ったり、思索を巡らす時間に使う。

3．料理や、子育てなどで、自分が積極的に時間を使いたいものを優先してブロックする。その時間には仕事が食い込んでこないようにする。

4．趣味の時間をブロックする。

仕事というのは際限なくできてしまう。どんどん増殖していく性質のものだ。だからこそ、余白や、暮らしの大事な時間から優先的に確保しよう。その期間あまり目的を考えず、自分の心がワクワクするものに時間を過ごそう。これが目的のないコンサーマトリーな時間の過ごし方を、日常生活の中で死守する大事なマインドセットだ。そして、限られた時間の中で、自分の裁量で仕事の効率性を高めていく。これが、「じぶん時間」を生きる時代の、時間に対する習慣として重要なことだろう。

おわりに

僕たちには、皆等しく、1日24時間が与えられている。

人生85年生きると仮定すると、74万4600時間の時間を等しくもっている。

でも、この時間をどのように体感して生きるかは同じではない。

僕は、住む場所を変えたことをきっかけに、同じ時間でも、同じような流れ方として感じられるわけではないことに気づいた。そして軽井沢の森の中で暮らす中で、だんだん自分の時間のとらえ方が変わってきたことにも気づいた。ミーティングの合間の空き時間があれば、以前は本を読んだりスマホを見ていたが、今は庭でボーッとしたり、散歩をすることも増えた。


何より、自分の変化に気づく象徴的な出来事があった。この本が出版される2023年6月に、久しぶりの世界一周一人旅を計画していた。以前だったら、世界の都市を回って、デザインの最先端のトレンドをリサーチするために旅程を組んでいただろう。しかし、じぶん時間を過ごすことに慣れつつある今、むしろ目的のない、ただ「旅にいく」という感覚で、空白の時間を確保して、その場、その瞬間の偶然の出会いをできるだけ楽しみたいという気持ちになったのだ。

結果、とにかく予定を決めないツアーにすることにした。

これは、未来の目的に合わせて今やるべきことを決めていた、以前の僕にはありえない決断だった。立ち止まり、内面から湧き上がってくる声を聞く。そして、直感で行動する。そういう生き方をしていきたい。心からそう思えるようになった。

未来の目的のために今を過ごすという時間へのプレッシャーは、大きな波のように日々僕らを襲ってくる。しかし、意思を持ってその波に抗うということも大事なのではないかと思うようになった。

これが、この3年で起こった僕の小さなトランジションだ。

僕が大好きな小説に『モモ』がある。みなさんは読んだことはあるだろうか。

モモは不思議な聞く力を持った女の子だ。彼女に話を聞いてもらった人は、自然に自分自身のことがよくわかるようになる。その世界に現れたのは、時間貯蓄銀行に勤める灰色の男たち。

今まで、時間の節約という考え方がなかった世界に、自分の残り時間を意識し、少しでも効率的に時間を使って時間を貯蓄することを勧める。男たちは一瞬で消えてしまうが、一度出会ったらそこで人々の生活は変わってしまうのだ。

その世界で何が起こっているか？

街は綺麗になり、家庭では煌びやかな服を着て、車も持てるようになっている。しかし、人々は、落ち着きがなく、イライラして過ごすようになっている。その世界では、大人たちが子どもたちと過ごす時間がなくなってしまっているのだ。

モモは、自分の友だちを、人々の時間を奪っていく灰色の男から救い出すために、時間を解放する旅に出ていく。灰色の男たちは、どうやってもモモだけからは時間を奪うことができない。なぜなら、時間を奪うことができるのは、時間を節約しよう、と思っている人からだけで、モモのように、「今・ここ」を生きている人の時間を奪うことはできないからだ。物語の結末は、ぜひ本で読んでほしいのだが、この本の一節にこんな言葉が出てくる。

「人間には時間を感じとるために心というものがある」

僕たちは、常に時計の時間で、一人ひとり決まった1日24時間を生きている。しかし、その時間をどのように感じとるかは僕たちの心が決められることなのだ。

SDGsの次の人類全体のゴールとして、ウェルビーイングを目指していこうというイニシアティブがある。ウェルビーイングとは、文字通り「良く」「在る」状態のことで、一人ひとりが、今・この瞬間を心身ともに良い状態で過ごすことだ。個人が良い状態であれば、社会が良い状態になり、そして地球が良い状態になる。今までのGDPをベースにした生産性の向上というパラダイムを超えた、新しいパラダイムが提唱されている。

では、ウェルビーイングであるためには、何が必要なのか？

まず、この本でも提唱してきた自分の身体感覚で「今・ここ」にいる瞬間を味わう、心と体を開いていく感覚なのではないかと思う。スマホを見るモードから、自分自身が外で何が起こっているかをじっくり感じていく感覚。その時に、自分の身体がどんなメッセージを発しているか。そういう視点に意識を向けることだ。

しかし、それだけでは足りないと思う。

独立行政法人経済産業研究所は、2万人の日本人のデータから、幸福感に影響する要因の分析調査を行った。その項目の中で、幸福度に影響を与える要素として、一に「健康」、二に「人間関係」、その次に挙げられていたのは「自己決定度」だった。*9 その調査の中では、大学の入学難易度を考慮した「学歴」や「所得」については、主観的幸福感への影響は統計的に有意ではなかった。所得や学歴よりも強い影響を持っている項目は、「自己決定」。つまり、自分で人生の選択ができるということが、選んだ行動の動機付けと満足度を高め、さらにはそれが幸福感を高めているのであろう。

今「Chat-GPT4」が大きな話題を集めている。AIが圧倒的な量の情報を記録し、整理してしまう時代に、シンプルな思考はAIにとって代わられるであろう。ホワイトカラーにおいての生産性という目線では、単純な推論では圧倒的すぎて、人間が生産性をちょっと高めることに意味を感じないほどだ。

そして、そのテクノロジーはさらに日々、一刻一刻世界中で進化している。正直、進化のスピードが速すぎて、いよいよシンギュラリティと呼ばれる特異点が近づいているのを実感する。そんな時代に、ものすごいスピードで変化する社会に無理についていこうとすることが、果たして幸せなのだろうか？

僕は、無理についていこう、としなくていいんじゃないかと思う。

この時代に、人間が鍛えるべき能力は何か。それは、自分の心身で感じ、自分の好きに忠実に遊び、やりたいことをイメージして、そのワクワクすることをやろうと自己決定する力ではないかと思う。ネットに答えが存在しているようなシンプルな思考はＡＩができてしまうからこそ、自分がやりたいことを明確化して、それをＡＩを活用しながら、自分なりの表現のために活用する。自分自身が道具としてのＡＩをどう使うかという明確なビジョンを持ち、人生のアトリエ（余白）を育み、自分のやりたいことをイメージして、自己決定する力こそが、今後ますます、僕らの幸福を決めることになるだろう。だからＡＩは遊び相手だ、と思って接するのが良いと思う。

僕たちの人生は、成長の歯車を回すためにあるのだろうか。

その成長にどんな意味が在るのだろうか。

僕たちの人生は、一人ひとりが人生の豊かさを感じるためにある。

コロナ禍で、仕事時間が減った人。もしかしたら、それは、あなたがあなた自身の豊かさを感じるための全体性を取り戻している途中なのかもしれない。より速いスピードで成長するために競争するということも、本当に意味がある競争なのか、立ち止まって考えてみた方がいいのではないか。

コロナ禍が終わり、社会が元に戻ろうとする動きになるだろう。その間、あなたは生き方をどのように考え直しただろうか？

コロナ禍後にも残しておきたいものは何だろうか？

豊かさは一人ひとり形が違うから、1億人の人に1億通りの答えがある。そういう世界になっていく。

僕の場合は、自分に与えられた「1日24時間」をどのように感じとるか、というじぶん時間の感覚を忘れたくないと思っている。たとえ、忙しくなる情報社会を生きる中でも、自分の心と身体が今、何を感じているかを味わって生きていく、というウェルビーイングの世界へのトランジションをしてこそ、時間泥棒から時間を取り返せるかもしれないと思っている。

コロナ後の僕たちが、一人ひとりが豊かさを稼ぎ出す社会を作る一員となることを願って。

＊　＊　＊

この本は、軽井沢に移住してほどない頃、Twitterで出会った、あさま社の坂口惣一さんとの出会いによって生まれた。「軽井沢に移住して、生産性は上がってないけど、心身の健康と持続可能性は多分上がる」とコメントしたことから直接お会いして、「軽井沢発の出版社をつくりたい！」というあさま社の構想を聞いたことがきっかけだ。当時の僕にとって、軽井沢という場は、東京で仕事で出している顔とは全然違う素の言葉が出しやすい場ではないか、という話で盛り上がった。その提案に対して、自ら実践する形で書いたのが今回の本だ。

この企画の初期は、ライターの高橋一喜さんと坂口さんの3人で「移住をすることで何が変わったか」を考えるところからスタートした。自分自身の身体感覚を言語化していくのは大変な作業で、ライターの高橋さんも苦労されたのではないかと思う。

しかし、話し言葉と書き言葉はやはり異なる。自分自身の個人的なエッセーのような文章ではあるけど、せっかくなら、単なるエッセーにはしたくない。そこで、同じ地方移住をしている方々に移住によって起こった変容についてインタビューする「トランジションラジオ」というポッドキャスト企画をスタートさせた。編集者・佐渡島庸平さん（東京から福岡へ）、野村高文さん（東京から茨城へ）、さとのば大学副学長・兼松佳宏さん（東京から御代田へ）、藤原印刷代表取締役・藤原隆充さん（東京から松本へ）、現代アーティスト・立石従寛さん（東京から軽井沢へ）、Takram・緒方壽人さん（東京から御代田へ）、三井不動産・光村圭一郎さん（東京から札幌へ）、池田亮平さん（東京から鹿児島へ）らとのインタビューを通じて、移住のスタイルも様々であること、一方で、共通した感覚があることも感じることができた。

ここからは、坂口さんと佐宗の間で議論を繰り返しながら、ストーリーを練り上げて行った。軽井沢発の出版社だから書ける本は何か？　そして、「みらいに届く本」を作りたいという理念に合致した本とは何か？

最終的に、この本は、まだ人生のトランジション中の僕が、地方移住をすることでリアルタイムに起こった変化を内省しつつ、今後の社会を思って残すべきメッセージは何か？　という点を中心に再構成し直し、全面的に書き換えて完成に至った。今までの自分では書けなかった本になったのではないかと思うし、社会全体がトランジション中の中で、個人の生き方のトランジションに悩んでいる人にとって何かのヒントになったらこれ以上の喜びはない。

クリエイティブなプロジェクトにおいて、0→1は大変なことだ。その部分を担っていただいたライターの高橋一喜さんには本当に感謝している。彼自身も北海道に移住した移住仲間だったからこその阿吽の言語化をしてくれた。

そして、あさま社の坂口惣一さん。この本は、坂口さんのビジョンに応える形で生まれた本、と言っても過言ではない。彼が常に情熱を持って、この企画に関わってくれたことで、僕自身も自分の変化を振り返る、というある意味痛みを伴う行為を最後までできたのではないかと思う。

そして、何より、軽井沢移住生活をともにしてくれた妻のさつき、娘の真優、息子の邦紀。軽井沢での生活は、家族でともにトランジションし、新しいライフスタイルをつくってきた。家族との充実した時間を一日一日少しずつ変化を味わいながら一緒につくってきたからこそ、この本ができたのではないかと思う。深い感謝を捧げたい。

2023年5月　新緑が元気になってきた軽井沢にて

脚　注

（＊1）岡山県西粟倉村（にしあわくらそん）：「奇跡の村」「ローカルベンチャーの聖地」と呼ばれ、ベンチャー企業30社以上を誘致し、子どもの人口も増えている注目の地域

（＊2）「令和2年度 テレワーク人口実態調査」国土交通省
https://www.mlit.go.jp/toshi/daisei/content/001469009.pdf

（＊3）「コロナ禍前後での家庭の料理に関する実態調査」
クックパッド／調査期間：2021年3月27日～4月3日
https://prtimes.jp/main/html/rd/p/000000165.000027849.html

（＊4）「2021年度 野菜と家庭菜園に関する調査」
タキイ種苗株式会社／調査期間：2021年7月3日～7月5日
https://kyodonewsprwire.jp/release/202108178886

（＊5）2020・2021年度特別調査「第7回　新型コロナによる暮らしの変化に関する調査」
ニッセイ基礎研究所／2021年12月22日～28日
https://www.nli-research.co.jp/report/detail/id=69926?site=nli

（＊6）「セイコー時間白書2021」セイコー／実施時期　2021年4月28日～5月10日
https://www.seiko.co.jp/timewhitepaper/2021/

（＊7）「平成23年社会生活基本調査」総務省統計局
https://www.stat.go.jp/data/shakai/2011/

（＊8）「国民生活時間調査2020」ＮＨＫ放送文化研究所　世論調査部
https://www.nhk.or.jp/bunken/research/yoron/pdf/20210521_1.pdf

（＊9）「幸福感と自己決定――日本における実証研究」独立行政法人経済産業研究所
https://www.rieti.go.jp/jp/publications/summary/18090006.html

佐宗邦威（さそう・くにたけ）

株式会社 BIOTOPE 代表／チーフ・ストラテジック・デザイナー
大学院大学至善館准教授／多摩美術大学准教授

東京大学法学部卒業、イリノイ工科大学デザイン研究科（Master of Design Methods）修了。P&G マーケティング部で「ファブリーズ」「レノア」などのヒット商品を担当後、「ジレット」のブランドマネージャーを務める。その後、ソニーに入社。同クリエイティブセンターにて全社の新規事業創出プログラム立ち上げなどに携わる。ソニー退社後、戦略デザインファーム「BIOTOPE」を起業。B to C 消費財のブランドデザインやハイテクR&Dのコンセプトデザイン、サービスデザインが得意領域。山本山、ぺんてる、NHKエデュケーショナル、クックパッド、NTTドコモ、東急電鉄、日本サッカー協会、ALE など、バラエティ豊かな企業・組織のイノベーション支援を行うほか、MVV 策定・実装プロジェクトについても実績多数。2021年に生活の拠点を軽井沢に移し、東京オフィスとの二拠点を往復する働き方を実践する。軽井沢風越学園の探究ツール「学びの地図」作成にかかわるなどの教育分野、白馬村観光局のビジョンアドバイザー就任などの地域創生分野と活動の幅を広げる。著書に『理念経営2.0』『直感と論理をつなぐ思考法』ほか。

じぶん時間を生きる
TRANSITION

2023年 6月30日 初版第一刷発行
2023年12月25日 初版第三刷発行

著者 佐宗邦威
発行者 坂口惣一
発行所 株式会社 あさま社
長野県北佐久郡軽井沢町発地 1184-31
〒389-0113
電話（編集）0267-31-1020
FAX 050-3385-8504
URL https://asamasha.co.jp/

ブックデザイン 吉岡秀典（セプテンバーカウボーイ）
イラスト 河野愛
組版 飯村大樹
校正 鷗来堂
編集協力 高橋一喜
発売所 英治出版株式会社
東京都渋谷区恵比寿南 1-9-12 ピトレスクビル4F
〒150-0022
電話 03-5773-0193
FAX 03-5773-0194
URL http://www.eijipress.co.jp/
印刷・製本 中央精版印刷株式会社

Copyright© 2023 Kunitake Saso
ISBN-978-4-910827-01-8 C0030 Printed in Japan

本書の無断複写（コピー）は著作権法上の例外を除き、著作権侵害となります。
乱丁・落丁本は着払いにてお送りください。お取り替えいたします。

本書の感想募集！
本書をお読みになったご感想を下記QRコードにてお寄せください。e-mail・SNSでも受けつけております。

e-mail: info@asamasha.co.jp Twitter: @KaruizawaPub

〈あさま社の好評既刊〉

千代田区立麹町中の校長として宿題廃止など学校改革を推進した校長と気鋭の教育哲学者が初タッグ！　未来の教育を大提言した話題の書！

工藤勇一・苫野一徳／著

教育関係者・保護者、必読の１冊

子どもたちに民主主義を教えよう
対立から合意を導く力を育む

2022年10月 好評発売中！
ISBN:978-4910827001　定価 1890円（+税10%）

みらいへ届く本

人はなぜ本を読むか。
わたしたちは、その理由を、
本を通して自分と出合っていくためだ、と考えます。
本を読み終えて、目を上げた瞬間
世界がそれまでと違って見えたことはないでしょうか
まとっていた“常識”や“正解”、
“他人のモノサシ”を脱ぎ捨て
次の瞬間、あたらしい自分になっていく
未知の世界に出合い
わからなさ や 消化のできない感情を抱える
変化の種は個人の中に眠っていて
芽を出すのを待っています。
本を触媒として、芽吹き 伸び つみかさなって
よりよいみらいはつくられていきます。

だから、わたしたち「つくりて」にできることは
ゆっくり　じっくり てまひまかけて本をつくること。
次の世代、そのまた次の世代へ
想像力を総動員して、届けること。
100年後、どこかの誰かが受け取った
ひとつの言葉から
世界が動いていくことを信じる。

みらいへてわたす
工房のような出版社であり続けます。

あさま社